U0924201

《厦大巾帼好故事》编委会

厦大巾帼好故事

Stories of Female Role Models in Xiamen University

巾帼故事

顾问：张 彦 张荣
主编：邓朝晖

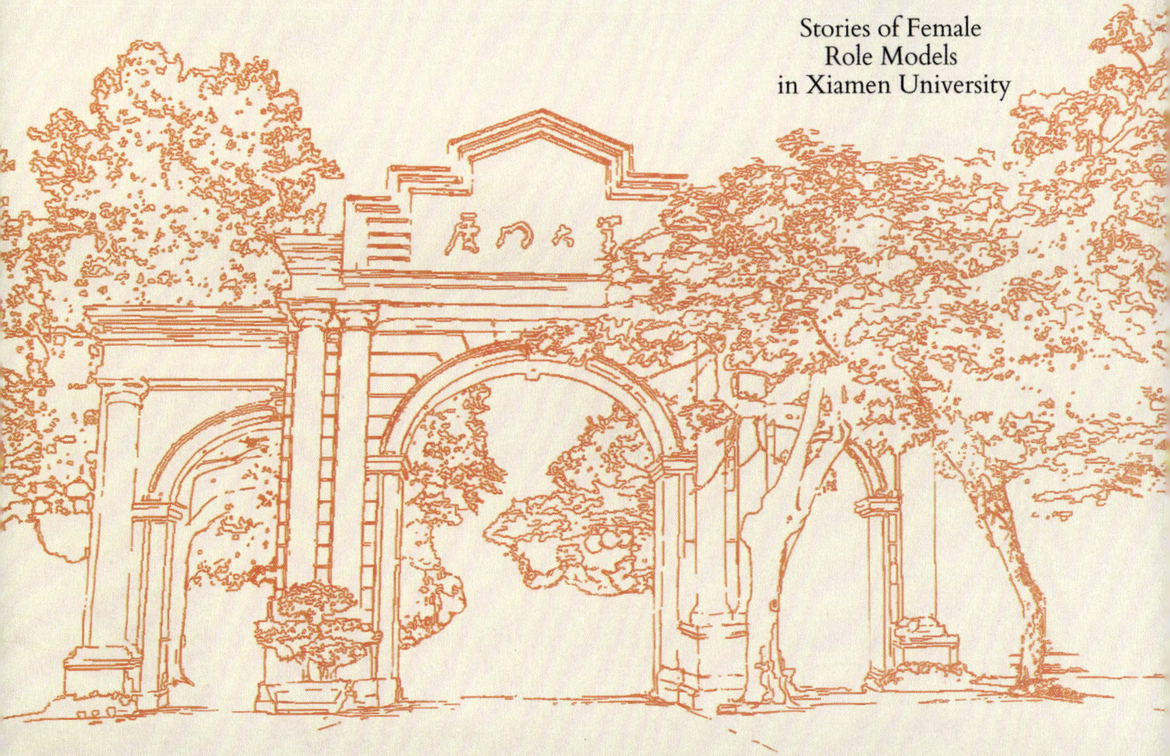

国家一级出版社
全国百佳图书出版单位

图书在版编目(CIP)数据

厦大巾帼好故事/邓朝晖主编. —厦门:厦门大学出版社，2020.12

ISBN 978-7-5615-7083-8

Ⅰ. ①厦… Ⅱ. ①邓… Ⅲ. ①厦门大学—女性—教育工作者—生平事迹 Ⅳ. ①K825.46

中国版本图书馆 CIP 数据核字(2020)第 019593 号

出 版 人 郑文礼
责任编辑 曾妍妍

出版发行 厦门大学出版社
社　　址 厦门市软件园二期望海路 39 号
邮政编码 361008
总　　机 0592-2181111　0592-2181406(传真)
营销中心 0592-2184458　0592-2181365
网　　址 http://www.xmupress.com
邮　　箱 xmup@xmupress.com
印　　刷 厦门市金凯龙印刷有限公司

开本 720 mm×1 000 mm　1/16
印张 17
插页 2
字数 266 千字
版次 2020 年 12 月第 1 版
印次 2020 年 12 月第 1 次印刷
定价 120.00 元

本书如有印装质量问题请直接寄承印厂调换

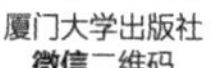
厦门大学出版社
微信二维码

厦门大学出版社
微博二维码

总序

ZONGXU

今年是“三八”国际妇女节110周年。

2015年习近平总书记在出席全球妇女峰会时指出，妇女是推动社会发展和进步的重要力量。没有妇女解放和进步，就没有人类解放和进步。实际上，中国共产党始终坚持把实现妇女解放和发展、实现男女平等作为自己重要的执政追求。党的十九大已经奏响中国特色社会主义进入新时代的恢宏乐章，在中国人民追求美好生活的过程中，每一位妇女都享有属于自己的人生出彩机会。

厦大，一所美丽的大学，是无数学子的诗与远方；而作为一所与共产党同龄的大学，厦大更是一所英雄的大学，成就万千英才“为吾国放一异彩”是她重要的使命担当。厦大百年奋进历程，凝聚着厦大女性独特无双的智慧与力量，厦大女性特别是女教职工，巾帼不让须眉，昂扬站立时代前列，以自己深切的家国情怀、忘我的奉献担当、坚韧的自强自立、独特的人格力量，书写出平凡而又伟大、温柔而又英勇的生动篇章。

学校党委高度重视妇女工作，认真贯彻落实党中央关于妇女工作的各项决策部署，加强对妇女工作的领导，深入把握新时代高校妇女工作的特点和规律，积极创造各种条件，为广大女教职工和女学生施展才华、建功立业搭建广阔舞台。

目前学校有女教职工2800多人，占全校在编教职工的43%。我校女教职工成就斐然、硕果累累，在教学、科研、管理、服务等工作中发挥着不可替代的作用。到厦大工作以来，我认识了许多优秀的厦大女性，她们对事业的执着追求、对学生的真情关爱，令我深受感动。特别是每年"三八节"我都会应邀参加学校的座谈会，现场聆听女教师们讲述成长经历，分享酸甜苦辣。她们有理想、有智慧、有爱心、有能力，爱岗敬业，潜心育人，以优秀素质和良好风范塑造着美丽校园的另一道亮丽风景。

在一次座谈会上，部分同志商议由校工会、校妇委会出面组织编写出版《厦大巾帼好故事》丛书，全方位、全景式展示厦大女教工风采。呈现在大家面前的丛书第一辑书写了55个巾帼故事，涵盖全校各学部、各岗位系列的女性教职员工，具有广泛的代表性。阅读这些故事，厦大女性的形象在我的脑海中更加清晰鲜活起来，她们中既有在教学、科研岗位培育英才、探索新知的专任教师，又有技艺精湛、倾情投入的教辅和工程实验系列人员；既有高效管理、优质服务的机关部处职员，又有润物无声、导航青春的学生辅导员，还有不辞辛劳、无私奉献的后勤职工。她们或成果卓著，蜚声学界，或默默无闻却独具光彩，她们爱事业，也爱生活；她们有大智慧，也珍视小确幸；她们外表淡定如静海，内心却坚强如远山，她们的美好引人注目，她们的品格励人向上。

丛书凝聚着学校相关职能部门、编委会、采访者和被采访人员的心血。2019年3月，厦门大学妇女委员会和厦门大学工会牵头策划，党委组织部、宣传部、教师工作部、学生处、人事处等单位共同参与组织编写工作。值得特别介绍的是，编委会从全校招募学生组成采访团，同学们利用课余时间完成了第一辑的采写。所以，本书的叙事方式是一种新的尝试，即从学生的视角，以平实朴素的笔调捕捉描写细节，带领读者探索熟悉又未知的厦大“她”世界，不仅聚焦她们的贡献与成就、触摸她们的梦想与深情，更努力贴近她们热气腾腾有滋有味的美好生活。

一滴水也能折射太阳的光辉。期待大家从这本书、从每个个体的生动微光中领略到厦大女教职工绚烂多姿的群体光影。

张　彦

2020 年 3 月 8 日

目录

M U L U

一、教书育人篇

人民健康的“守卫者”
——记中国科学院院士、厦门大学生命科学学院唐崇惕教授……………… 3

走最远的路回家
——记中国科学院院士、厦门大学化学化工学院赵玉芬教授……………… 8

研究路上赤子心，育人树人慈母怀
——记厦门大学人文学院陈玲教授…………………………………………… 13

教书十二载，初心恒在，乐在其中
——记厦门大学新闻传播学院副院长陈素白教授…………………………… 17

仰望星空，脚踏大地
——记厦门大学外文学院院长陈菁教授……………………………………… 23

余音绕梁，桃李芬芳
——记厦门大学艺术学院李昆丽教授………………………………………… 27

数十载光阴守人师本色
——记厦门大学经济学院财政系主任童锦治教授…………………………… 32

严爱相济育桃李，理践于行助扶贫
——记厦门大学管理学院管理科学系主任彭丽芳教授……………………… 37

春风化雨，润物无声

——记厦门大学法学院院长宋方青教授…………………………………… 41

妇女权益保护路上的“那轮明月”

——记全国三八红旗手，厦门大学妇委会主任、法学院蒋月教授……… 46

用大爱孕育格桑花，用行动共谱山海情

——记中组部第八批援藏教师、厦门大学公共事务学院杨玲副教授…… 51

坚守初心努力奋斗，立足岗位无私奉献

——记中组部和共青团中央第十六批援疆博士服务团、厦门大学
公共事务学院魏丽艳副教授………………………………………… 56

从袁学姐到“袁妈妈”，她总与学生同在

——记厦门大学马克思主义学院袁华副教授……………………………… 61

念江海而下百川，思人文而润新蕊

——记厦门大学台湾研究院副院长张羽教授……………………………… 66

为师肯用心，为学敢先行

——记厦门大学社会与人类学院副院长徐延辉教授……………………… 71

科研无止境，热爱不停息

——记福建青年五四奖章标兵、厦门大学数学科学学院王清教授……… 75

从讲台走向学生的追梦人

——记厦门大学数学科学学院数学与应用数学系副主任杜妮副教授…… 79

扎根实验教学一线，驻守教师责任

——记厦门大学化学国家级实验教学示范中心主任任艳平教授………… 84

如宝石般闪耀的老师

——记厦门大学材料学院黄雅熙副教授…………………………………… 89

白鹭栖厦，桃李芬芳

——记厦门大学海洋与地球学院许鹭芬高级工程师……………………… 93

不慌不忙，温柔待人

——记厦门大学环境与生态学院副院长王新红教授…… 98

学生们心中最可爱的人

——记厦门大学建筑与土木工程学院胡红梅教授…… 103

求科研瀚海，植桃李天下

——记厦门大学电子科学与技术学院电子科学系副主任蔡淑惠教授…… 108

为科研筚路蓝缕，育学生桃李天下

——记全国三八红旗手、厦门大学生命科学学院吴乔教授…… 112

牢记初心做好服务

——记厦门大学医学院副院长谢莉萍教授级高级工程师…… 116

深耕教学科研，不忘责任初心

——记厦门大学公共卫生学院方亚教授…… 121

法学下的为师之道

——记嘉庚学院法学院副院长侯莎副教授…… 126

二、服务奉献篇

用平凡岗位阐释不平凡

——记厦门大学人文学院秘书陈磊明…… 133

一位“有爱的”温暖使者

——记厦门大学新闻传播学院工会主席迟月利…… 138

勇挑重担促发展，奋进彰显巾帼风

——记厦门大学国际学院工会主席戴玉…… 142

学生事事心中放，工作时时放心中

——记厦门大学管理学院教学秘书林爱珍…………………………………… 146

心系师生，十载奉献

——记厦门大学法学院教学秘书陈丽清……………………………………… 150

于无色处见繁花

——记厦门大学公共事务学院科研秘书陈素蜜…………………………… 154

黎明即起，勤恳为善

——记厦门大学继续教育学院办公室主任肖佳…………………………… 158

素手工于寻常务，韶华自将功勋镀

——记厦门大学材料学院党务秘书苏婵……………………………………… 162

不忘初心，励行致远

——记厦门大学近海海洋环境科学国家重点实验室副主任林孟妹…… 167

服务科研，无怨无悔

——记厦门大学能源学院科研秘书廖秀珍…………………………………… 172

严管厚爱，循循善诱

——记厦门大学电子科学与技术学院团委副书记刘锦锗………………… 177

有温度、有亮度的辅导员

——记厦门大学经济学院团委书记刘莉颖…………………………………… 182

杨柳青青芙蓉畔，忠诚奉献在厦园

——记厦门大学学科建设办公室副主任杨柳………………………………… 187

三十年默默奉献的“教务员”

——记厦门大学教务处副处长兼翔安教务办主任陈雪芬………………… 192

铿锵瑰丽，不忘本心，爱岗敬业显忠诚

——记厦门大学党委组织部干部工作办公室主任叶秀蓉………………… 197

因为热爱，所以倾心
——记厦门大学学生工作处管理科科长刘俊英…… 201
最美大学的最美外事人
——记厦门大学国际合作与交流处综合科七级职员严娴…… 206
平凡的岗位，不平凡的你
——记厦门大学人事处人事科科长叶雅璇…… 210
坚守己道，润物无声
——记厦门大学研究生院培养与管理办公室秘书苏月英…… 214
持之以恒，精研细节
——记厦门大学资产经营有限公司总经理助理李兰秀…… 219
最普通而最特别的你
——记厦门大学后勤集团公环中心安防员郑丽…… 223
一流后勤服务广大师生，全心全意打造“家的味道”
——记厦门大学后勤集团翔安校区竞丰餐厅经理黄小花…… 228
甘做“螺丝钉”，十八年乐在其中
——记厦门大学国际学术交流中心会场服务部经理花素平…… 232
爱自己的职责，爱自己的本分
——记厦大医院总护士长叶桂香…… 237

三、援鄂抗疫篇

一往直前，向险而行
——记厦门大学附属翔安医院援鄂医疗队主治医师胡群…… 243

"90后"最美逆行者，是天使也是战士
——记厦门大学附属翔安医院援鄂医疗队护师张楠等…… 249

后记…… 257

一

教书育人篇

人民健康的“守卫者”

——记中国科学院院士、厦门大学生命科学学院唐崇惕教授

唐崇惕 我国著名寄生动物学家，1991 年当选中国科学院院士。1972 年进入厦门大学工作至今，曾任中国动物学会理事，国家教委第一届科学技术委员会委员，中国寄生虫学会副理事长，国家教委科技委生物学科组成员等。自 1978 年至今获各类科技奖 15 项，其中国家科学大会科学奖 1 项，国家自然科学奖三等奖 2 项、四等奖 1 项，部、省级一等奖 3 项，二等奖 5 项，三等奖 2 项等。此外还先后获得国家有突出贡献中青年专家、福建省五一劳动奖章获得者、福建省三八红旗手、全国三八红旗手、福建省优秀专家称号、全国教育系统劳动模范、全国师德先进个人、福建省杰出人民教师等荣誉称号。

承风秉志越重嶂，为国为民勇担当。
耄耋之年习不辍，诲人不倦着华章。

唐崇惕院士长期致力于与人类健康、经济动植物和经济贝类生产密切相关的重要寄生虫病害研究工作，研究寄生虫的发育规律、生活史、流行病学和防治措施等，为人类的健康和农、牧、渔业的发展做出了重要贡献。数十年来，她的足迹遍布祖国大江南北。福建、内蒙古、青海、新疆……哪里有寄生虫病害，哪里就有她的身影，好似“候鸟”一般在自己的实验室和病区永不疲倦地往返。

“年轻真好呀，我也想一觉醒来，回到二十几岁呢。”90 多岁的老人看着围绕在身旁的学生记者，亲切和善地笑着。虽已是耄耋之年，唐崇惕院士仍声音洪亮，富有活力，讲起以往的科研经历，目光如炬，充满着无限的激情。正是这种对科研的高度激情和专注，为国奉献的使命担当，使得她能在几十年岁月里迎难而上，于广阔的土地里探索真理，于未知的领域中披荆斩棘，为国家的寄生虫病治理鞠躬尽瘁，为寄生虫学的人才培养倾注心血。如此赫赫之功，她仍是虚怀若谷，宁静淡泊，一句“我热爱的是科研，不是背后的身份”，就足以描摹出唐崇惕院士的人生信条。

初心不改，为国人健康做贡献

唐崇惕院士出生于一个中医世家，家里至今仍收藏着祖祖辈辈流传下来的中医典籍。她的祖父悬壶济世，在霍乱爆发的年代，因治疗患者不幸被传染而去世。祖父离去的噩耗丝毫没有阻止唐家人治病救人的脚步，反而加深了他们为国人的健康做贡献的执念。唐崇惕的父亲唐仲璋是我国著名生物学家，1980 年当选中国科学院院士。唐崇惕大学选择了生物系，深入血吸虫病、丝虫病病区做了大量的调查研究和防治工作。大学毕业后又成为华东师大生物系著名动物学家张作人教授的助手。此后，唐崇惕院士再次回到父亲身边，成为他的助手和合作攻坚者。

谈起为什么会选择做寄生虫方面的研究，唐崇惕院士说：“除了家父的影响外，更多的是当时的中国的确笼罩在寄生虫病的阴霾里，我们做科研不为人类健康着想，那就失去意义了！”唐崇惕院士每谈起做科研，口中都不离“为国人健康做贡献”这句话，这也是她在崎岖的科研道路中坚持不懈的最大动力。

“创新”二字，是唐崇惕院士科研的准绳，“为国人健康做贡献”是唐崇惕院士科研的初心。如今已是高龄的唐崇惕院士仍坚持每年到内蒙古呼伦贝尔草原的实验室去做研究。多年以来，她在寄生虫的整体生物学和生态学上已有了很高的造诣，但她仍锐意进取，孜孜不倦地学习，不断探索，将高科技新方法用于寄生虫学研究，并传授给研究生和青年教师，引领着中国寄生虫学发展成为世界前沿。

唐崇惕院士认为，人就是要吃得了苦，不怕失败，只有经过不懈努力获得成功，才能真正享受到工作的乐趣和成功的喜悦。历经磨难，方得始终，六十多年来，她的科研作风，始终如一：不忘初心，守卫人民健康；不断创新，推动中国寄生虫学发展。所谓松柏之志，经霜犹茂。其境愈苦，其志愈坚。

除害消病，谋人民群众之安康

新中国成立初期，面临着疫病丛生、缺医少药的严峻挑战。血吸虫病、丝虫病、钩虫病流行，严重地影响了地区生产生活的正常秩序，无数百姓因此丧失劳动力，甚至失去生命。毛泽东主席曾作诗《送瘟神》来表现血吸虫病的恶劣危害：“绿水青山枉自多，华佗无奈小虫何！千村薜荔人遗矢，万户萧疏鬼唱歌。”除害灭病，寄生虫防治工作刻不容缓！

流行病区往往卫生条件差，人们的生活条件贫苦，而横亘在这些虫害疾病前面的，还有拮据的实验条件，和排查疑难问题的种种困难。面对这些困难时，唐崇惕非但没有被吓到，反而迎难而上，誓与虫害疾病抗争到底。在早期艰苦的条件下，她不辞劳苦，带着简陋的显微镜、解剖器材，靠两条腿踏遍寄生虫病流行的穷乡僻壤，一年中有半年都在四处奔波，从东海之滨、江南水乡到关外的大兴安岭南北麓、内蒙古大草原，从青海高原到天山牧场和伊犁河畔，从山西黄土高原到山东黄河之滨都留下了她的足迹，她也因此被门下的研究生戏称为“科研候鸟”。有时候，哪怕是一方祠堂的戏台，只要摆上简陋的显微镜，就成了她的“实验室”。若不是这般“以实验室为家，以家为实验室”的精诚所至，又如何有几十年来在寄生虫学研究上的登峰造极？

以唐崇惕院士为代表的科研工作者们，以寄生虫病防治中的关键问题和技术难点作为重点，开展科学研究，取得了丰硕的成果，不仅为有关部门确定寄生虫病防治的战略目标、防治工作规划提供了可行的技术手段和有效的防治措施，同时也为我国寄生虫学的理论积累、学术发展、科技进步做出了巨大的贡献。在科研工作者

唐崇惕

的不懈努力下，中国的寄生虫病害得以遏制，一道道防治长城接连筑起，守护了国人的健康。而除此之外，唐崇惕院士还致力于与经济动植物和经济贝类生产密切相关的重要寄生虫病害研究工作，为我国农、牧、渔业的发展做出了重要贡献。

唐崇惕院士与寄生虫病害的斗争，不仅是长期以来我国疾病预防控制的一个缩影，也代表了我国科研工作者攻坚克难，“有条件利用条件，没条件也要创造条件”，为国人谋安康的一片赤诚之心。

立德树人，育赤心报国之英才

六十多年的岁月沉淀，唐崇惕院士初心未改，坚守励精图治、不避艰险的科研作风。从跟随父亲进行野外调查的科研新人，到桃李满天下、学生们的生命科学领路人，唐崇惕院士将从她的父亲那里继承来的科研精神和家国情怀，又传承给一代代莘莘学子。从到厦门大学任教的那天起，她便一心扑在科研事业和教书育人上，率先垂范，培育出一批批勤勉刻苦的科研人才，为中国的寄生虫学发展注入了许多有生力量。

时至今日，许多生命科学学院的学生们还能清楚地回忆起他们做本科生时上过的那堂精彩纷呈的课。那是 2011 年，讲台上年过八旬精神矍铄的老奶奶站得笔直，条理清晰地分享着自己的科研成果，穿插其间的一个个妙趣横生的科研小故事引得全场不时开怀大笑，掌声雷动。谈起那些她打了大半辈子交道的寄生虫，对事业的热爱在她的眼中跳动，热血在她的胸腔中奔涌，学生们无一不被她精彩纷呈的讲演所感染。

唐崇惕院士的学生们都说，唐老从不将学生当作自己的科研“工具”。学生对她来说，既是后辈也是同事。她会先从学生的兴趣出发，鼓励学生独立承担课题，并经常亲自带学生到野外考察，锻炼学生的实践能力。“学生自己的课题发了文章，不需要署我为作者”，唐崇惕院士功名加身，却视其为浮云，比起发表影响力高的署名文章，“甘为孺子育英才”才是她的心之所向。

这般不慕浮名虚利、以学生为重的育人精神，不仅是为坚守自己的科研准则，也是为培养学生独当一面的能力。她培养的一届又一届学生，毕业后奔赴祖国大江南北，继续为寄生虫学研究贡献自己的心力。她播下的科研火种将永不熄灭！

这就是唐崇惕院士，在数十载的学术生涯中时刻谨记自己作为一名教授、一名科研人员的光荣职责，不忘初心，砥砺前行，几十年如一日地严格要求自己；刻苦钻研，孜孜不倦，探索广袤浩瀚的生命科学之海；勤耕不辍，攻坚克难，勇攀一座座科研高峰；春风化雨，传道授业，培养一批批国家栋梁。她兢兢业业地在小小的寄生虫身上取得了许多了不起的成就，一次又一次为人民筑起健康的防线。她，是当之无愧的人民健康的“守卫者”。

（文\外文学院 2018 级本科生　姚彦冰）

走最远的路回家

——记中国科学院院士、厦门大学化学化工学院赵玉芬教授

赵玉芬

河南淇县人，有机化学家。1975 年获美国纽约州立大学石溪分校化学专业博士学位。1991 年当选为中国科学院院士。曾获中国青年科学家奖、教育部全国百名优秀博士论文导师奖、第二届新世纪巾帼发明家称号、科技部“十大杰出跨世纪人才”称号、中国科学院和教育部科技进步奖等奖励与荣誉，2015 年获国际阿布佐夫奖——有机磷化学领域，2017 年获卢嘉锡化学奖，2019 年获厦门大学“南强杰出贡献奖。”

她，长于台湾学于美国，是第一批回祖国大陆的台湾学者；她发现磷酰化氨基酸是生命起源的种子，平息了是鸡生蛋还是蛋生鸡的争论；她是当时最年轻的中科院女院士，获得世界磷化学最高奖 Arbuzovs 奖。她一直在前行，从台北到纽约再到中国大陆，是为了追寻回家的路；她一直在探寻，在化学学科深耕四十多年，是为了寻求生命的起源。她常常笑着说：“只要你感兴趣，肯坚持，就没有困难。”她就是，赵玉芬。

拿到大学入学通知书，却凑不齐 300 美元的机票

1948 年，赵玉芬生于湖北汉口，不到周岁就随父母到了台湾彰化。家里兄弟姐妹六个，全挤在祠堂两间小小的厢房里，过着艰苦的日子。童年时的赵玉芬为了省鞋子，常常光着脚跑二十多分钟去上学。学习之余还要帮忙洗衣、做饭、照看弟妹，从老三背到老四老五。

赵玉芬十多岁的时候，父亲不幸病逝，家境更加贫寒。亲友们曾劝告赵玉芬的母亲将孩子们送到教堂以减轻家庭负担，但坚强的母亲没有听从，四处打工赚钱，拼尽全力供养着兄弟姐妹六人。母亲常对赵玉芬说：“将来一定要学一个有用的专业，一个能直接创造财富的专业。”言传身教，让赵玉芬早早就学会了自强。

在台湾彰化女中读书的赵玉芬，遇到了化学老师孔祥真。“老师把理化知识讲解得很有意思，很风趣，我们上课也不枯燥，做的实验也很神奇。所以我从初中起就对化学产生了兴趣。”报考大学时，赵玉芬直接选择了台湾新竹清华大学的化学专业。

1971 年，23 岁的赵玉芬完成了大学学业，并以优异的成绩拿到了美国纽约州立大学石溪分校的入学通知书，还拿到了高额的奖学金。可是，飞往美国的 300 美元机票，对于一个贫穷的家庭来说，是个难题。

经过童年时艰苦生活的历练，母亲坚韧品格教会了她，没有什么问题是解决不了的。赵玉芬最终把奖学金证书作为证明，以到美国后每月偿还航空公司 30 美元的方式拿到了机票。

只有到了老家，我才知道我从哪里来

赵玉芬刚到美国时，美籍华人杨振宁教授刚好在石溪分校作了一次有关中国大陆的演讲，“中国科学的春天就要来临了，祖国需要大批的科研人才”。这是赵玉芬第一次真切地听到祖国大陆的消息。

第二年，中国一个科学家代表团访问美国。赵玉芬作为台湾留学生代表向代表

团团长、中国生命科学界元老贝时璋教授献花，和大陆同胞的第一次近距离接触。这次经历让“祖国”这个陌生但又让赵玉芬魂牵梦绕的地方不再遥远。

河南淇县，是古老的中原文化发祥地，是拥有灿烂青铜文明的商朝国都，也是赵玉芬的祖籍地。1978 年，赵玉芬从美国一位亲戚得知了淇县老家的地址，多方联系，终于收到了回音。那年夏天，赵玉芬按捺不住，立即踏上了“故乡行”。“我要回老家，我要去寻根，我要去替父母圆他们二十多年一直未了的心愿。”

走在那条小时候母亲常常讲述的淇河边，赵玉芬看到了清清的流水和岸边密密的杨树林。在大陆一个月的时间，赵玉芬探望了九十多岁的外公，看他当场挥毫泼墨：“为人民服务思想好，外孙女如今回家乡。”去了河南殷墟甲骨文遗址，直观而又深切地感受到了中华文化五千年绵延不绝的吸引力。也调研了北大、南开等几所大学以及中科院的化学研究所，留意到自己在美国做实验的主要设备那里都有。还到了当时的商业中心王府井，震惊于那些低矮陈旧的店铺、极其匮乏的商品。

“回家、回家、回家！”当时已完成博士后研究，在生命有机磷化学研究开始崭露头角的赵玉芬做出了决定：回大陆工作，为自己的同胞尽一份力！她的导师、世界著名核酸化学家夏皮洛教授（R. Shapiro）说：“你的决定很勇敢，但你回去是我们美国人的损失（Chinese gain，American loss）。”

“河南是我生命的根，台湾是我发芽的地方，美国是我启蒙的地方，中国是我的事业长成大树的地方。这几个地方就像一粒有生命的种子，生长的不同阶段就好比是我生命历程的浓缩和概括。”赵玉芬说。

先有鸡还是先有蛋?

回到大陆的赵玉芬，选择了磷元素继续进行研究。一个偶然的机会，她将磷与氨基酸连接起来，发现了一个文献中从未记载过的异常现象：化学性质很稳定的氨基酸，一旦和磷结合成磷酰化氨基酸，就会变得非常活泼。它在水里可以长大，可以生成二肽（蛋白质先体），同时，还可以与核苷组成核苷酸。

蛋白质和核酸是生命的存在形式，其中蛋白质是执行功能的分子，核酸是遗传信息分子。与“先有鸡还是先有蛋”的争论一样，在生命的起源问题上，也有一

赵玉芬

个先后之争。是先有蛋白质？还是先有核酸？这就是在科学界争论已久的“鸡蛋之争”。

赵玉芬的导师拉米尔兹教授曾告诉她：“当某一个化学反应没有出现预测的结果时，不要认为这是失败；请注意观察，实际上出现的究竟是什么。这个不依照你预测所出的结果，很可能是一个创新。”

赵玉芬抓住了这个异常现象，在十年内与她的学生们，把 20 种氨基酸和磷的合成实验全都做了。据此，她首次从磷化学的角度去破解了生命的奥秘，提出磷酰氨基酸是生命进化的最小系统。这一惊人的发现，平息了“鸡蛋之争”，证明了鸡和蛋是同时产生的。

1990 年，在法国奥尔良举行的第十一届国际生命起源大会上，赵玉芬以大量的实验结果和严密的理论论证，提出了“磷酰化氨基酸是核酸与蛋白质的共同起源，是生命起源的种子”的理论体系，令与会近 400 位科学家包括一些诺贝尔奖得主耳目一新。国际生命科学学会执行委员拉茨卡诺 · 安东尼奥等权威科学家认为“激动人心的重要成果，对生命科学的研究很有价值”。1991 年，43 岁的赵玉芬成了当时中国最年轻的中科院女院士，1993 年获第一届“中国杰出青年化学家奖”，1995 年当选为俄罗斯国际科学院外籍院士。

追寻一生只为问，生命从哪里来

2000 年 11 月，赵玉芬来到厦门参加全国有机化学会议。“当我一踏上厦门的土地，就感到一股浓浓的亲情扑面而来。这里的乡音、风土人情、生活习惯与我儿时的记忆是那么的相似，我好像回到了自己的家乡。特别是还有厦门大学这样一所著名的高等学府，有化学化工学院这样一个在全国化学学科领域颇有影响，拥有雄厚科研力量和团队精神的学科群体，深深吸引着我。”很快，赵玉芬就加盟了厦门大学。

在厦大，赵玉芬带着 20 多个人的团队，经过三年的努力，就成功完成了生物医药丙谷二肽合成的中试过程，并申请了中国和国际专利，现在，已经全面投入生产。赵玉芬还提出以厦门市为中心，建设“海峡化学生物科技带”的方案，努力增进两岸生命、海洋、医学等生物科技资源的交流与合作，促进东南沿海经济和两岸经济的共同发展，进而辐射东南亚 ...... 现在赵玉芬和她的课题组，去六七千米深海底里，去国际空间站，甚至计划去火星上做实验，他们对生命起源的研究越加深入。

赵玉芬说：“我们研究的是生命从无到有，这个跨度很大，地球到今天的寿命有 45 亿年了。研究生命的起源，不是一个学生就能够做完的，而是需要几代学生研究。这一代学生研究一点，我们前进了一步，下一代学生再接着研究，再前进一步……从 1979 年开始，到今天都 40 年了，参与其中的不光研究生，就是博士生的数量都超过 100 个了。有些问题是个体解决不完的，只能一代代传承下来，保持着兴趣坚持下来，这样人类才能进步，我们这些科学家就要有这个精神。”人类对自己从哪里来，有着永恒的好奇，而就是这样的好奇激发着人类不断前行。

（文 \ 宣传部　黄伟彬）

研究路上赤子心，育人树人慈母怀

——记厦门大学人文学院陈玲教授

陈　玲　厦门大学人文学院哲学系教授、博士生导师，福建省高等学校新世纪优秀人才，厦门市重点人才，兼任福建省哲学学会理事，福建省人事人才研究会理事。从事科研工作多年，在中国传统科技思想研究领域颇有建树，学术成果受到学界高度好评，主持及参与国家社科特别委托项目、国家社科重大项目、教育部重点项目、福建省重点项目、厦门市重点项目等几十项科研课题。从教多年，注重师德，积极投身教学、科研和社会服务，多年担任国家、省、市青少年科技创新大赛评委，为培养青少年科技创新能力贡献颇大。

结缘厦大久，科研之路满芬芳

“人生的很多转折有时候就是一念之差”，回忆起自己的学术旅途，陈玲颇有感慨地说。

从攻读博士期间，成为第一个厦门大学最高奖——“嘉庚奖学金”的人文社科专业获得者，到近期首届中国自然辩证法研究会评定的优秀论文奖，在学术道路上，陈玲不是一个缺少“光环”的人。然而回想当初，放弃已有的工作重新走上求学道路，对陈玲来说并不是一个容易的选择。工资的缩减、家庭的压力，还有重新开始学术研究的困惑摆在眼前，犹豫是有的，但是陈玲没有退缩。在 2004 年，也是国家开放在职报考博士研究生的第一年，她毅然辞去了工作，在厦门大学开始了学术之路。“能够从‘看书人’变成‘写书人’，单凭这一个转折，现在想想辞职还是非常值得的。”陈玲这样说。

在攻博期间，一颗对科研的“赤子之心”让陈玲敢于攻克难题。从 2004 到 2007 年，陈玲主攻《唐会要》中科技思想史料的搜集、整理和研究。面对《唐会要》这样一部多达百卷的政书类典籍，如何发掘、整理、校勘其中的科技思想史料，如何贯通史料与“数理化天地生农艺天算”诸多学科的关系，都是她需要攻克的难题。但是陈玲没有畏难，反而在长期的研究中找到了乐趣，“当时不管什么时候有所发现，我都会马上联系导师，告诉他自己的重大发现，有时候甚至会忘记考虑时间合不合适”。经过艰苦地努力，陈玲发现了珍贵的史料，重新考证了一行的

陈玲

大地测量史实，证明了《唐会要》的记载在一行大地测量数据上最为可靠。这篇发表在学校认定的最优核心刊物《自然辩证法通讯》上的论文，给了陈玲极大的信心和喜悦。《唐会要》科技思想研究这个在外人看来又苦又难的课题在这三年终于被陈玲一点点攻克了下来，最终在答辩时获得了中国科学院大学的李醒民教授和大连理工大学的王前教授的认可。

毕业之后，陈玲选择留在厦门大学哲学系继续从事教学科研工作。为了完成《让·迪多内及其学派的数学哲学》一文，她专程前往北京，拜见国家科学技术大奖第一届的获得者吴文俊先生，向他请教。文章首次从科学哲学的角度对布尔巴基学派数学思想进行提炼和深刻阐述，这个工作完成是具有世界意义的，广获学界赞誉。后来被《中国社会科学文摘》转载并获得第十届厦门市社科成果一等奖。

陈玲在研究的道路上，不只需要“不怕远征难”克服困难，更需要潜下心来，不放弃任何一个和学者沟通的机会。在撰写《教育的哲学意蕴探寻——论范寿康的教育哲学思想》一文时，陈玲曾前往北京请教范仲淹后人也是范寿康之子、国内知名科技哲学学者范岱年，在拜访中，她不仅得到了珍贵的资料，同时也接收了宝贵观点。陈玲说，正是这些名师大家鼓舞她在学术的道路上一直保持初心，奋勇前行。

从学生到导师，慈严相济总关情

除了受到学术大家的精神指导，在陈玲自己的求学经历中，导师郭金彬教授的许多嘱咐也给她留下了深刻的记忆，“学术要独立”“只要认真做，总会得到认可的”。自己成为导师之后，她不仅教授知识体系、研究方法，更是把这些研究态度传递给学生。

在具体的教学过程中，陈玲是严厉与慈爱并存的，“既然学生愿意跟着我，我对学生就有责任，那有时候不可避免地就要严格一些”。所以，在发现学生开题报告不够规范、研究态度不够严谨的时候，她看在心里也急在心里。她的学生毛娟就有被“骂哭”几次的经历，但是教育严格也是她对学生更高期待的体现。就是这篇反复打磨的论文，让毛娟获得了 2018 年福建省优秀硕士毕业论文。在陈玲看来，对未来不继续从事科研工作的学生而言，学位论文“可能是学生一辈子最高的学术水平”，绝对不能马虎。而对那些希望在学术道路继续的学生，陈玲也努力“助学生一臂之力”，不管是参加学术会议感受学术氛围，在青年论坛上发言锻炼，还是突破层层阻力赴台交流，陈玲都乐于提供这些让学生的研究水准更成熟的机会。

其实无论是“慈母”还是“严师”，都是陈玲育人、树人努力的“剪影”，对学生的关怀与责任才是本质。“陈玲老师对我来说是亦师亦友，能够成为陈老师的学生是我的幸运。”2015 级研究生毛娟这样说。能够获得学生这样的评价，想必也是令陈玲感到幸福的事情吧。

学术回馈社会，社会责任在践行

作为人文学科的学者，如何在自己的研究领域反哺国家、回馈社会，陈玲有着自己的看法。2018 年，她接受厦门大学社科处任务，着手撰写《金砖后厦门的发展》，主要介绍金砖会议过后厦门文化相关发展情况，以争取更多政策红利。“相较外地学者，我们的调查针对性更强，同时也能够从理论高度提出意见”。经过长期考察调研，这份最终成果得到了厦门市政府的成果采纳。2019 年，陈玲的多项成果获得了中共中央办公厅、国家部委和福建省政法委等部门的采纳。

除此之外，陈玲还多次担任国家、省、市青少年科技创新大赛评委。青少年科技大赛，作为当前国家面向中小学生开展的规模最大、层次最高的青少年科技教育活动，在推动青少年参与科技创新上起到重要作用。这样的机会，对鼓励培养孩子的科学思维、创新精神和实践能力都是难能可贵的。对陈玲来说，切合自己科学技术哲学的研究方向，“看到经过几年的努力，省内的孩子能够积极创新，拿出好的成果，我的成就感和满足感也油然而生”。

在学术路上不留遗憾，在教学途中育人以诚，陈玲老师以自己的平和、从容书写学者孜孜不倦的旅途。

（撰稿人 / 人文学院 2017 级本科生　李佳莉）

教书十二载，初心恒在，乐在其中

——记厦门大学新闻传播学院副院长陈素白教授

陈素白 厦门大学新闻传播学院副院长、教授，博士生导师。2001年本科毕业于厦门大学广告学专业，2004年硕士毕业于中国传媒大学广告学专业，2007年博士毕业于中国传媒大学广告学专业。2007年7月至今，任教于厦门大学新闻传播学院广告学系。2010年3月参加中国教育部第五期日本电通广告人才培养基金项目，前往日本东京电通总部研修。2015年荣获厦门大学“我最喜爱的十位老师”称号。2018年8月至2019年8月前往美国伊利诺伊大学香槟分校UIUC访学。迄今在《新闻与传播研究》《国际新闻界》《现代传播》《现代广告》等核心刊物上发表论文多篇，出版专著2本，合著4本。先后主持过国家社会科学基金后期资助项目、教育部人文社会科学基金青年项目、福建省社科项目等多项国家及省部级课题。

十二年，人生走过一轮，从2007年博士毕业离京回到母校厦门大学任教至今，陈素白用这十二年塑造了现在的自己。没有后悔，只有源源不断的感动，没有懈怠，只有勇往直前的动力！

幽默犀利的“园丁”

“老师这个职业是很神圣的，既然选择做老师，接受了这份职业，也就接受了学生的信任和爱，那就得好好干，要对得起自己的良心。”这是陈素白从教十二年最大的心得。

在课堂上，陈素白有着自己独特的教学风格。“风趣幽默，犀利率直”是同学们对她最为中肯的评价。“风趣幽默”源自陈素白的进取精神和创新思维，她始终关注业界前沿，只为在课堂上给同学们带来最新奇有趣的案例；“犀利率直”则是因为她在原则性问题上绝不会宽容，会毫不留情地直接点出上课不认真的同学，会一针见血地指出学生的问题所在，进而循循善诱引导大家深入思考。学生们都不禁折服于她极高的学术素养和严格的课堂管理。

对此，陈素白表示：“我希望能够帮助学生树立起学术自信和专业自信，我出身广告专业，当前中国市场环境变化迅速，对广告专业提出了前所未有的挑战，只有建立起高度的专业自信，培养自己的专业素养和学术钻研精神才有可能从容应对。”

陈素白所教授的广告学专业知识更新迭代很快，并且和瞬息万变的市场联系非常紧密，这就要求任课教师必须像海绵一样不断去吸收业界前沿知识，要有自己的“干货”储备，才能让课堂变得既生动有趣又不乏理论深度，才能让学生真正感悟到这个专业的魅力，从骨子里建立专业自信。

在这背后是大家看不见的经年累月的默默付出。陈素白开设的“市场营销学”和“市场调研”两门课程，是广告专业本科生的必修课。基于日积月累的知识储备，陈素白每年开课前都会在课件上增补大量新的知识点和案例。陈素白的助教研究生小段同学在采访中告知我们，她前后做了 3 年助教，陈老师有了新的想法就会立刻跟她交流，大到讲课逻辑内容，小到课件标点特效，陈老师都一丝不苟精益求精。功夫不负有心人，这两门课程自开课以来深受学生喜爱，课堂效果有目共睹。在历年的学生测评中这两门课程都几乎接近满分，“市场营销学”课程在2018 年度还被评为厦门大学本科教学示范课程，陈素白本人也多次获得学校的教学技能竞赛奖。

小白动物园的“大家长”

在日常生活中，学生们都亲切地将陈素白称为“小白老师”。“良师益友，有时候益友更重要。”很多时候陈素白跟学生的相处更像是家人和朋友，这一点，“小白动物园”里的同学们都感触颇深。“小白动物园”是陈素白的硕士生、博士生自发组成的师门群，因为陈素白特别尊重同学们多元化的天性发展，大家就将自己比作不同的小动物，因此得名。“团结紧张，严肃活泼”是小白动物园的真实写照，大家互帮互助，拥有很强的凝聚力，而这些都来源于陈老师对大家的关心和爱。

陈素白的博士生小顾同学说陈老师对他而言既是恩师，也是知心的大姐姐，会在得知他失恋后放下手中的工作，耐心地开导他，帮他疏导情绪。陈素白对学生的关心并不局限于学业，而是延伸到了生活的方方面面，只要学生愿意，陈老师就会花很多时间来和大家敞开心扉谈理想、谈人生的定位。每逢新年，陈素白会邀请学生们到家里吃火锅，她丝毫不介意学生们闯进她的生活，反而希望能够把家庭的温暖带给每一个离家求学的学生。

初入陈素白的办公室，映入眼帘的是一个 2 米高的大书柜。定睛细看，书脊上分门别类地贴着“小白书柜—社会学类”“小白书柜—市场营销类”字样的标签，这是小白动物园的又一特色福利。陈素白无偿地将自己学生时代就开始的藏书提供给大家借阅。在光阴的流淌中，知识在她身上沉淀出的是“腹有诗书气自华”的文人气质。每年新生入学，陈素白还会让学生们提交“心愿书单”，不断补充藏书资源。如今，小白书柜的图书已经超过 300 册，这些藏书不仅仅局限于广告学专业书籍，而且涵盖了文学、哲学、社会学、心理学、市场营销学等不同领域。陈老师希望在这个浮躁的时代，大家能不负韶华，真正领悟“开卷有益”的美妙。

在陈素白的办公室里，除了书籍以外，最引人注目的装饰便是三面照片墙，上面挂满了小白动物园成员的合影。“照片墙”是小白动物园独有的仪式感，这三面满满的照片墙，是 2014 年在办公室搬迁时学生们送给陈老师的礼物，同学们开玩笑说：“老师，我们怕毕业您把我们忘了，所以得让您天天都看见我们！”

陈素白

陈素白的办公室墙上还有一幅寓意深远的书法，“如松之盛，似兰斯香”，这是一位双学位课程班的学生送来的，陈老师很喜欢这幅字，因为这八个字蕴含她心目中理想老师的品格，她说：“教师的德行就应该像青松那样茂盛，像兰草一样幽香，只有这样才可以更好地保护学生，并且用自己的一言一行潜移默化地影响着学生。”

在采访中提起一届届学生的美好回忆，陈素白不由几次眼眶湿润，她说“师生间这种最纯最真的情感互动，给了我不断前行的力量”。从教十二年，她在学术上有很高的成就，在教学上也获得过很多荣誉，但在她心中，她最大的收获始终是学生的真心。这也是鞭策和鼓励她在教学投入“不惜力”的重要原因。在当下的高校体制下，科研是教师考核的一个重要指标，陈素白在这方面也同样面临很大的压力。但即便面对来自科研、学术指导、教学和家庭的多重压力，陈素白始终没有压缩在教学上投入的时间和精力，教学永远在她心中是排在第一位的。她说：“铁打的高校，流水的学生，教师就是一个良心活，要对得起自己的良心，对得起同学们给我的爱，而我无论怎么对学生好其实都比不上学生对我的好。”

有梦有趣的广告人

褪去教师的光环，陈素白也是一位刻苦钻研广告的学者。广告于陈老师而言，不仅仅是一份职业，更是一生的追求。她的学术视野十分宽阔，既关注新兴媒介的发展，又着眼于富有历史沉淀的消费变迁研究，有着知识分子的学术情怀与时代担当。她把广告放置于宏观的社会背景及市场化的经济改革中加以研究，关注广告背后深层的消费文化，是一名具有人文关怀和社会责任感的学者。对于广告，她发自内心的热爱，这份热爱激励着陈老师在学术研究上一丝不苟，她的论文、论著、课题等成果在院内青年教师中十分突出。在学术交流方面，她一直致力于加强与全国各高校的学术互动，通过参与各类学术会议，打造属于厦门大学广告学专业“黄埔军校”的学术名片，这是她对母校厦大最深层的爱，也是当初她在博士毕业后选择回到母校任教的初心。

在工作之余，陈素白会尽可能多地陪伴女儿和家人。陈素白将很多的心血都倾注于学术和学生之上，对于家庭的照顾自然难以面面俱到，每当提及此处，陈素白总有些许自责。但只要聊到可爱的女儿，陈素白总能一扫疲惫，目光里满溢着温柔。小白动物园的同学们也将陈老师可爱的女儿视作“师门吉祥物”，捧在手心里爱着。熟悉她的人都知道，在犀利率真的风格之下，陈素白其实拥有着一颗柔软而善良的心。

在学术之外，陈素白也是一个特别有生活情趣的人。她喜爱旅行、摄影、伺候花草，有非常丰富的植物知识，特别善于捕捉大自然的细节和美，偶尔还会给学生们开设一些有趣的“讲坛”，比如社交礼仪、服饰搭配、中国茶道等。陈素白也有“小女生”的一面，她会虚心和女同学们进行美妆探讨，厨艺切磋。此外，陈素白还喜欢户外活动，喜欢骑山地车，教工运动会、羽毛球比赛、乒乓球比赛上都能看见她充满活力的身影。“有梦有趣，不端不装”是陈素白微信的签名档，也是她独立于家庭和工作之外的最真实自我。

学高尚有凌云志，一腔热血谱华章。十二年光阴流转，初心从未改变，陈素白依然还在谱写着动人的故事……

（撰稿人 \ 新闻传播学院 2017 级本科生　王田昀）

仰望星空，脚踏大地

——记厦门大学外文学院院长陈菁教授

陈菁　1988 年获厦门大学学士学位，1991 年获厦门大学硕士学位，1997 年获英国翻译学硕士学位，2005 年获厦门大学博士学位。现任厦门大学外文学院院长、中国翻译协会口译委员会副主任。1991 年入职任教，2001 年起任硕士生导师；2007—2008 年任美国加州大学洛杉矶分校访学学者，2008 年起聘教授；2010 年起任博士生导师，并获厦门大学教学名师称号；2011 年入选教育部新世纪优秀人才支持计划，福建省高等学校新世纪优秀人才支持计划；2014—2015 年任剑桥大学访问学者。

兴趣是最好的老师，老师是最棒的兴趣

“一个人要学习，要上进的话，他要有一种发自内心的动力。”陈菁和英语结缘是从一档电视节目开始的。她读高中的时候，中央电视台有一个节目叫 follow me，是中国人做的英语节目。节目是每天中午播，她上午放学从学校回到家里，吃饭的时间把饭端到电视机旁边吃边看。那时的她感觉学习语言是一个轻松又非常神奇的过程。

在当时，英语已经是一门主要的学科了，陈菁不仅喜欢英语，而且以优异的成绩考入了厦门大学的英语专业，“因为是选择自己喜欢的事情，所以非常的坚定”。她认为，资源少没有关系，条件差也没有关系，如果缺乏内在的动力，那才是致命的。

早些年，外文学院院楼设立在芙蓉湖边。陈菁读书那会儿学语言的资源没有现在这么丰富。每到晚上八点，她自习到一半的时候就会出去，所有的人都拿一个小小的收音机，到湖边去收听 VOA、BBC，沿着湖一排望过去都是手拿长长天线的同学。虽然学习的资源不怎么丰富，条件也不怎么好，但是她非常珍惜那种学习的氛围。在中学时代萌生的兴趣，在大学终于有机会深造，陈菁始终不曾懈怠。冬天一到，外面大风呼呼作响，同学们都喜欢在被窝里面学习。但陈菁觉得效率不如在教室里的，她还是坚持一到晚上就到教室去自习。有时候厦门晚上海风很大，她一路上走着却感到很充实，这种充实带来的快乐是难以言喻的。

陈菁

陈菁看着很严肃，一说起话来却幽默、亲切。当问到为什么选择继续留在厦大当老师的时候，她坦言自己很喜欢教学，很喜欢这站在讲台上跟学生沟通的工作。上课的时候，她会在乎学生的反应，也会在乎教学的效果。当课上得好，学生的注意力一直在她身上，她就会打心底觉得“饭吃起来都会特别香”；如果有某一堂课上得不够好，学生的积极性没有她想象的那么高的话，她就会觉得一天都没有干劲。

专注科学研究，收获丰厚成果

在教学之余，陈菁老师潜心科研，成果丰硕。长期以来，她先后主持包括国家社科基金重点项目“口译教育信息化的理论框架和运行体系研究”，国家社科基金一般项目“口译职业资格认证测试的理论体系和运作模式研究”，欧盟重大项目“欧盟‘支持中国加入 WTO 项目’口译培训”“欧盟‘亚洲联系’亚欧口译研究”，MTI 教指委项目“MTI 口译职业能力评估研究”在内的各类科研项目。

谈到科研，她说：“作为老师你总得做点事，你总得为社会做点贡献。”作为高校老师，科研既是职责也是任务。她希望自己在教学的同时能够平衡教学和科研的关系。在陈菁看来，研究做得好，就可以把在研究中的所获所得用在教学之中，教给学生；在教学当中又可以为研究提供素材，二者是相互促进的。

注重团队建设，做好厦大口译

陈菁是厦大口译教研团队的带头人，她很看重“团队”的概念，她说：“一个人的力量有限，但团队在一起做事情的时候，力量就会无限。”在 90 年代她毕业的时候，厦大的口译团队非常需要师资。那个时候，很多高校还没有意识到口译是需要培养的，而需要翻译人才的时候，只要学过外语的人都被派去做口译。“把听到的中文说成英语，听到的英文说成中文，这样做出来的效果并不是专业的。”她加入厦大口译团队的时候，是团队里最年轻的成员。

“在交流当中你才会发现你自己处于哪个位置，别人在哪里做得比你好？哪里需要你去借鉴？如果永远封闭自己，就会变成井底之蛙。”陈菁说。厦大积极开展口译教学和研究的探索，是国内最早为英语专业本科生开设口译课程的学校之一。厦大口译团队有着独特的口译训练模式，并且得到了口译界认可。厦大口译教材在国内众多的口译教材中以其“起步早、质量高”而闻名，厦大口译在国内率先采取双教师授课的模式，一中一外老师同时授课。

在教书育人这条道路上，陈菁步履不停。作为学者，她勇攀高峰；作为师者，她诲人不倦。展望未来，陈菁希望能把自身所学和满腔热情融入育人育才的事业中，传承厦大精神，坚持立德树人，用心为学生照亮青春成长路。

（撰稿人 \ 外文学院 2017 级本科生　邹洁）

余音绕梁，桃李芬芳

——记厦门大学艺术学院李昆丽教授

李昆丽

厦门大学音乐系教授，硕士生导师。曾任厦门大学艺术教学部主任，现任中国民族管弦乐学会琵琶专业委员会副会长、中国音乐家协会会员、厦门音乐家协会民族器乐专业委员会主任。毕业于四川音乐学院民乐系。李昆丽教授近年来专注于琵琶重奏的研究。由其指导的厦门大学海韵琵琶乐团 2012 年入围文化部最高奖“文华艺术院校奖——第四届青少年民族乐器大赛”小型民族器乐组合复赛。2012 年在“辽源 · 首届琵琶国际文化艺术节”上获 2 金 1 银 1 铜。2013 年在“2013 华乐联盟（CNMA）首届华乐室内乐团（队）大赛”中获得民族乐器组合类金奖。2014 年在第二届“敦煌杯”琵琶大赛中获得合奏重奏组金奖。单项比赛获得 1 金 2 银。2015 年 7 月在“全国高等院校器乐比赛”中获 2 项金奖。2015 年在第二届“辽源杯”琵琶大赛独奏获得 1 金 1 银 1 铜及 2 个优秀奖。2018 年 7 月在第三届辽源杯琵琶大赛中，团队成员荣获职业青年 C 组银奖。2018 年 11 月在上海康桥杯琵琶邀请赛中获专业 A 组铜奖。

十年挖一口井，也不一年打十个洞

在问起李昆丽学生对李老师的印象时，她的学生这样说道：“十年挖一口井，也不一年打十个洞。李老师是这句话的践行者，这句话深深地印刻在她心中。”李昆丽很早就开始了琵琶重奏研究及教学，她是琵琶重奏这条路上的拓荒者和开路人。她有自己独到的专业视野，并大胆付诸实践，潜心教学，相继出版了《琵琶教程》、《琵琶重奏研究与教程》、《琵琶重奏作品集》等著作。这一坚持就是十多年，挖“琵琶重奏”这一口“井”。海韵琵琶乐团在李昆丽及其实验团队的带领下，在国内外重大赛事中屡获大奖，赢得了很好的声誉及影响力。琵琶重奏也由此打开了新思路，作品日益创新，乐器编配日益多样，各声部音色日益协调，舞台形式日益丰富，艺术魅力得到了充分展现。越来越多的作曲家加入编写重奏作品的队伍中，全国各地的重奏训练如雨后春笋般发展。近些年琵琶重奏遍地开花，李昆丽功不可没。“关于创新琵琶重奏，”李昆丽满怀感激地说，“真的很感恩厦门大学，给我这样一个全新的平台。作为厦大艺术学院的第一批老师，是这个综合性大学给了我这么一个土壤和环境，否则我也不可能开创琵琶重奏新局面。”

民乐文化传承的播种者

李昆丽对中华传统音乐的传承与发展亦做出了极大的贡献。在谈到如何传承中华传统音乐时，李昆丽陷入了回忆：“1989 年，我很荣幸应邀到菲律宾亚洲音乐学院教琵琶，我的学生来自亚洲各国。菲律宾华人很喜欢中国民乐器，我在那里举办了多场个人琵琶演奏音乐会，场场座无虚席……”李昆丽说，琵琶承载着中国传统文化，台湾香港地区还有东南亚的华人从小学就很重视对中华传统音乐的传承，而那时候的厦门，人们只注重钢琴还有其他西洋乐器。对此，她很受刺激觉得自己有责任和义务去推广中国传统民乐，而这种推广和传承必须从少儿开始培养。于是，她从大学走出去，去帮助厦门的小学开设民乐课程兴趣班，唤醒人们对民乐的重视。当时福建省还没有民乐考级，关注点都在西洋乐器的考级上。为了使民乐更受重视，李昆丽向中国音乐家协会申请了福建省民乐考级点。在她的努力下，第一个民乐考级点安排在了厦门。李昆丽还记得，第一次考试，当时厦门学习琵琶的学生组织在一起，刚好是 99 名考生。正是这 99 名考生，开启厦门民乐普及的新时代。回忆至此，她的脸上露出了欣慰的微笑："这个种子一种下去，就遍地开花啦！逐渐地，厦门迎来了许多年轻的民乐人才，民族器乐也开始有了众多的学习者。厦门的发展带动了周边地区，慢慢地，越来越多人接触到了我们传统的民乐。"李昆丽如今还有一个未了的心愿——让厦门每个中小学都能有个民族弹拨乐团。

李昆丽老师的一位学生说："李老师曾有机会到美国一所孔子学院当院长，即便是这样好的机会，李老师还是拒绝了，原因是当时的海韵琵琶乐团刚开始发展，尚未成熟，若去美国则无法再以教学为主。李老师放不下海韵啊！"目标坚定，有舍有得，李昆丽以亲身经历诠释了什么是不忘初心，方得始终。

不仅仅是在厦门这块"民乐荒地"上传播民乐的种子，李昆丽更致力于帮助中华传统文化走向世界。"习主席提倡要复兴博大精深的中华传统文化，但在一开始我们对外宣传不多，国人本身对民乐的传承也少。但是我们的传统乐器是很有魅力的，其中变化无穷，古老又年轻，有着几千年的历史却又历久弥新。中国乐器名堂多，是我们传统文化的一个宝贵的部分。中国的文化就是世界的一个部分，要自强，文化自信是最主要的。尽管我能做的影响并不大，但我能做的尽量去做。""其实弹拨乐器演奏从经济利益方面来说没什么收入，但是一想到把中国的音乐文化展示给世界，是一种使命感，其实我并不觉得是高尚和伟大，但是是发自内心想要去做的事情。"在谈到民乐的传承的过程中，李昆丽讲起了一件让她印象深刻的事情。"马来西亚的华人很重视对中国文化的传承。我问一个马来西亚的学生为什么要学琵琶，他说他的爷爷告诉他如果不学会中国的乐器，就会忘记自己是中国人。如果学习中国乐器你就有机会去学中文，去了解中国。学中国的传统民乐就会想去了解它的文化，才不会忘记自己的根。"这件事让李昆丽深受感动，她认为这就是传承，只有这样，子孙才不会忘掉自己的根。李昆丽在自己的艺术道路上一直追求更好，更远。对于民乐发展，李昆丽秉承了一颗传承的心，一直不断地为中华民乐的发展尽自己最大的力量。

德艺双馨，乐观亲和

在李昆丽眼里，教学就是她的兴趣爱好，她钟爱于自己的事业。桃李芬芳，这份教书育人的工作就是她的修行。课前李昆丽要做很多准备，经常反复多次地听不同演奏家演奏同一支曲子。课余时时关注各种学术性会议，关注国内外音乐最前沿的创作。

李昆丽老师的授课方式生动有趣，特别强调融会贯通：在讲《十面埋伏》开头的扫弦时指导学生要找咳嗽的感觉，配合呼吸，借用后背发力，余音做到厚重；讲到《茶马古道行》，会跳起西域舞蹈，传达乐符的韵律和动感；讲到《巫古商曲》右手发力时，从举重，扔铅球，短跑预备起跑这些例子告诉学生弹琴是全身的协调运

李昆丽

动，要合理用力。同时强调从不同角度思考乐曲内涵，弹奏时一定要有画面感。李昆丽经常在课堂上给学生们讲历史文学类的知识，帮助他们准确地把握乐曲的背景知识和曲式结构，把感情融入音符，让演奏更有意境和特色。

平时除了排练之外，李昆丽会邀她的学生们去她家里聚餐，潜移默化凝聚着大家，海韵琵琶乐团自然地形成了“学姐带学妹”的模式，团结一心互相帮助，分享生活中的苦乐酸甜。李昆丽老师欣慰地笑称虽然自己只有一个女儿，但其实还有好多可爱的琵琶“女儿”。李老师的学生每个都幸福感满满：“上大学最幸运的事情就是遇到了李妈妈这样的好老师，这是我人生的一大幸事。从成为李老师学生的第一天起，幸福感便油然而生。”

“仰首高山疑无路，曲径通幽别有天。”这是李昆丽老师的人生座右铭，也是她时常告诉学生的话。无论遇到什么困难她都不畏惧，厦大艺术学院的琵琶演奏艺术学科发展没有现成的道路可走，是李昆丽老师这些年来的摸索前进才能有如今这般的成果。李昆丽老师还在厦门大学工会开设教职工“快乐琵琶课”，义务教授 30 多位教职工从零起点学习琵琶演奏。教学相长，因材施教，这些是她对厦大音乐教育所做出的贡献，也是她为自己即将结束的教学生涯画上的圆满句号。

传承民乐，教授琵琶对于李昆丽而言，是责任、是快乐、是爱。她不断充实自己，教学育人，润物无声。而支持着她的，就是那一份对音乐、对学生的热爱。

（撰稿人\ 艺术学院 2018 级本科生　曾燕燕）

数十载光阴守人师本色

——记厦门大学经济学院财政系主任童锦治教授

童锦治

1963 年 11 月生，经济学博士，现为厦门大学经济学院财政系主任，教授，博士生导师；兼任全国税务专业学位研究生教育指导委员会委员兼秘书长，福建省第十三届人大财经工作专家咨询组专家，厦门市政协委员。英国剑桥大学和美国密歇根大学高级访问学者。在《经济研究》等刊物上发表论文五十余篇，主编和参加撰写教材 2 部；先后负责主持国家自然科学基金、国家社会科学基金重大项目子项目、教育部等科研项目。有关科研成果分别获第六次全国优秀财政理论成果二等奖、福建省第十届社会科学优秀成果奖二等奖等奖项。长期担任主讲“税收筹划”课程，该课程获评为教育部“国家级精品课程”和第一批“国家级精品资源共享课程”。

“我对财政系有着深厚的感情，财政系相当于我的第二个家”，童锦治脱口而出这句深情的告白。求学于鹭岛，治学于厦园，数十载的相伴，千丝万缕的联系，她和脚下这片土地早已结下了不解之缘。这里，留下年少的她坐在台下热切的求学目光，留下她站在三尺讲台上激情昂扬的授课剪影，留下她伏案写作、专注科研的执着身姿。这里，是她起航的地方，也是她坚守的地方。

一路求学，一路收获

1980 年，童锦治踏上了本科学习的征途，与大多数懵懂的同龄人一样，她最初认为“经济就是算账”，但随着深入的探索，她发现经济学科的研究范畴很广，“突然感觉天地大了很多”。

如果说，本科时的童锦治把经济学这本厚书读薄了，并坚定地将税收作为自己的研究方向，那么本科后的她更是潜心钻研，将税收这本书越读越厚了。

当被问及选择学术研究的原因时，童锦治沉思了片刻，然后微笑着缓缓说道：“其实并不是一开始就立志做研究，而是在这个过程中慢慢尝到了做研究的乐趣。”这般回答似乎有点“轻”，但当回顾她一路的付出后，就足以感受到她对学术的尊重、敬重和爱重。

开展硕士毕业论文设计时的童锦治，选定“特区税制”的主题后，进行了一个多月的调研工作。她不仅在厦门本地调研，还南下深圳、珠海，北上大连马桥子经济开发区，几乎跑遍了所有具备特区性质的城市。

准备出国求学的童锦治，将孩子托付给朋友和亲戚照顾后，毅然地奔赴上海进行先后长达一年的英语学习，并于 2004 年 10 月前往英国剑桥大学深造。回忆起那段英国剑河旁的岁月时，童锦治欣然地述说着：“感受最深的就是那种氛围，在几百年校园底蕴的熏陶下，求学的心更纯也更静了。而在聆听世界知名学者讲座、与同行交流讨论的过程中，我对科研、教学以及自身的发展规划也有了更深刻的思考。”

时隔几年，童锦治又以高级访问学者的身份前往美国密歇根大学（2012 年 4 月），开始了另一段知性的求学之旅。今日的童锦治仍不断学习理论前沿的知识，她的求学一直在路上。

双向选择，两个“不后悔”

“你选择我做导师你不后悔，我选择你做学生我不后悔”，童锦治抱着殷殷期许的同时，也担起了那份永远也不能说放下的责任。

“教学就是一个良心活儿，是一名教师所肩负的责任感和使命感。站在讲台上，就要对得起下面的学生。”童锦治似宣誓般坚定地说道。

“童老师对于教学工作非常认真，每年都要坚持给本科生授课。”财政系 2017 级博士生冷志鹏说，“而且在授课前都要花费大量的时间对往年的课件进行修改，力图将财税政策的最新消息和研究的前沿理论介绍给学生。”有人会觉得，何必花费时间在准备烂熟于心的课程上呢？但是，童锦治不以为然，她心中有一杆秤，她要对学生负责。

童锦治对待刚刚踏入财政学门槛的本科生尚且如此用心，面对自己的研究生、博士生时，她的责任感就更加强烈了。童锦治颇有感触地说：“一旦学生选择了我，就要让他们的选择成为最正确的决定。”教学上，她始终坚持两个“不后悔”，即“你选择我做导师你不后悔，我选择你做学生我不后悔”。作为导师，童锦治希望自己带的每一名学生都能有所建树。同时，她也如慈母一般，殷切盼望每一名学生都能够发现财税的美妙，有所思、有所得。

科研随“税”行，永远在路上

“童老师对学术研究也是异常严谨，往往为了一句话一个字一个标点符号反复斟酌，经常修改论文到深夜。”财政系 2017 级博士生冷志鹏如是感叹道。

“花大量的时间去完成一篇文章很不容易，中途难免会想过放弃，但还是靠着信念坚持到最后。”童锦治嘴上述说着曾经的不容易，眼神却透出藏不住的宽慰。

几十年来，童锦治一直在科研一线奋战，从原理出发、从具体实际出发，为学术界、实务界贡献了不少独到的观点见解。比如，关于当前的减税降费，她认为，首先，应该转变自金融危机以来一直实施的“结构性减税”的做法，而采用“普惠性减税为主，结构性减税为辅”的减税思路，让竞争中性成为税收政策的重要出发点，更大地激发市场主体的活力和社会创造力。其次，由于存在社保费等对民营企业、小微企业等不可忽视的负担，在减税进行到一定程度的今天，应该把“减税降费”调整为“减费降税”，把解决社保费负担问题作为减轻企业负担的重要措施之一。最后，鉴于目前的增值税税率已经低于经济合作与发展组织（OECD）国家的平均水平，且增值税的降税改革又受制于企业的议价能力，减税降费好处落脚点的不确定性，容易造成强者愈强、弱者愈弱的问题，因此，应该在维持现有增值税税率水平的基础上，加大对企业所得税的改革力度，降低企业所得税税率，让广大企业确实有减税降费的实质性的获得感。

累累的硕果，沉淀的光辉

在教学方面，童锦治获评 2016 年厦门大学“我最喜爱的十位老师”。对此，她自豪之情溢于言表：“这是我所有的荣誉中最在乎、最看重和最高兴得到的一项荣誉，谢谢学生对我的信任！”作为一名教师，有什么事能比“传道授业解惑”更为快意呢？有什么能比学生的肯定更为宽慰呢？在三尺讲台与一方青桌前，“童姐

童锦治

姐”与她最可爱的学生们一路相伴，一路学习共勉。

在科研方面，童锦治的成果颇丰。其中，童锦治与赵川、孙健联合发表于《经济研究》2012 年 4 月的文章——《出口退税、贸易盈余和外汇储备的一般均衡分析与中国的实证》，获得中国财政学会第六次全国优秀财政理论成果二等奖、福建省第十届社会科学优秀成果奖二等奖等荣誉。与刘诗源等合作的论文《财政补贴、生命周期和企业研发创新》入选 2019 年度《财政研究》“邓子基财税学术论文奖”。与苏国灿、魏志华等合作的论文《“营改增”、企业议价能力与企业实际流转税税负》获 2019 年福建省第十三届社会科学优秀成果三等奖。

在行政工作方面，2005 年，童锦治开始承担财政系的行政工作，2008 年任财政系主任至今。“作为财政系主任，我深知肩上的担子不轻，但也时常感到幸运。经济学院和财政系的各位领导、全体师生给了我不遗余力的指导、支持和帮助，给了我前进的力量！我的荣誉归功于他们！”一直以来，厦门大学财政学科始终走在全国各高校的前列，并朝着国际顶尖水平迈进。

童锦治用数十载光阴教书育人、打磨文章；专攻财税，潜心治学。她，一直坚守在自己的岗位上！

（撰稿人＼经济学院 2017 级本科生　龚燕萍）

严爱相济育桃李，理践于行助扶贫

——记厦门大学管理学院管理科学系主任彭丽芳教授

彭丽芳　厦门大学管理学院管理科学系教授、博士生导师、系主任，兼任教育部高等学校电子商务类专业教学指导委员会委员、中国信息经济学会电子商务专业委员会常务副主任、福建省电子商务标准化技术委员会秘书长。从教 34 年，注重师德，学风严谨，积极投身教学、科研和社会服务，勇于探索实践创新。2017 年，彭丽芳荣获“福建省优秀教师”荣誉称号。

三十载，教书育人传真情

“对于我来说，教书是唯一的职业，也给我最多的成就感。”从 1985 年至今，彭丽芳的教学生涯即将跨入第三十五个年头。从儿时的职业理想变成工作内容，一路走来彭老师总是感到收获颇多。

作为第二届厦门大学“我最喜爱的十位老师”获得者，彭丽芳是博学亲切的，她是研究生心中的好老师，也是要求严格的好导师。“非常优秀的考生选择我作为导师，对我来说是得天下英才教育，我不会放弃任何一个学生。”在彭丽芳的心里，教学不仅是学术上的严格要求，也是付出爱的过程。每周与学生至少坐下来交流一次，论文中错别字不能超过三个，多途径与学生沟通情况，彭老师一句“带学生的过程就像种树”背后是长时间的陪伴与监督。树木易，树人难，“学生自然生长得非常好时，我会鼓励支持，一旦发现偏差，我必须马上矫正回来”。

在教学方法上，彭老师尤为重视因材施教，不同于研究生，对待本科生课程她更希望启发学生的思考，本科生课程是重要的地基，是传授知识体系激发学生专业认可感的重要途径，从中也能看到学生未来的职业或学术走向，彭老师非常坚定地说，“只要条件允许，我一定会坚持上课”。

随着彭老师的研究生、博士生一个个走上科研道路，“回过头来，想起他们刚进入研究团队时懵懵懂懂的样子，”彭老师很有感触地说，“我愈发相信，不要太在乎学生为我做了什么，而是更多地用研究辅助教学，从学生成就角度得到自己的收获。”三十余年教学生涯，彭老师始终把自己和教书育人“绑定”在一起。

“诲人不倦百年计，桃李不言而成蹊。巾帼须眉驻南强，怀柔儒风如仲尼。”2014 级工管在职研究生高隆用自己原创的一首诗歌，表达了对彭老师的崇敬之情。彭老师从教三十余年的付出化为学生笔下的诗，这也是令彭老师感到幸福的事情。

无止境，精勤引领科研路

“教学质量直接影响人才培养，但课堂教学的活力离不开科研工作的启发和支撑”，长期在科研、教学一线的经历，让彭老师对如何平衡两者有着更多关切和思考。

近年来，彭老师在国内外核心学术期刊和学术会议发表论文 30 多篇；主持完成多项国家级、省部级研究课题，并获得国家商务部电子商务调研课题一等奖，为各级政府提供电子商务规划设计方案、为各类企业设计电子商务创新模式。

科研项目成果频出，不仅得益于彭老师对科研的创新和严谨，还在于项目的“接地气”——随着电子商务的普及，不只是购物者的体验与消费渠道、范围的升级，也为农村特色商品打开了市场。但是电子商务在农村的普及仍然存在困难，如何解决电子商务走入农村、在农村的发展前景等一系列问题就显得尤为重要。聚焦这些基础问题，近两年，彭老师将研究课题以电子商务进农村为切入点，将科研工作与社会服务相结合。

去年，彭老师带领的科研团队受厦门市委托，进行对厦门市对口援助对象——甘肃省临夏回族自治州广河县的电子商务扶贫工作，她和学生们冒着严寒深入广河农村、企业调研、规划，通过掌握到的当地特色手工技术的实际情况，与一带一路沿线市场需求对接；联系服装设计公司，以特色计件形式组织广河县农民生产手工服饰，最后利用面向全球的电子商务销售平台将商品推广出去，这每一步的渐进都经过了彭丽芳和团队的反复考量。“我们不只是要让特色农产品变为商品，更是从商品向网络商品，乃至向爆款网络商品转换，最终的目的是在当地带起产业来。”看似简单的四个步骤，背后却是漫长的模式探索。

学术永无止境，收获诸多荣誉后，彭老师并没有停下脚步。而她的科研成果促进教学、教学带动科研，互相促进的教学方法，也让彭老师广受好评。

家国情，深入扶贫接地气

作为女性学者前往偏远乡村调研，彭老师总会得到地方领导和同事的关怀和照顾，但彭老师却没有这种顾虑，她坚持到贫困地区去，实打实地做调查，从实际情况着手，捕捉最真实的情况，这既是彭老师做研究的信念，也是身为党员实践出真知的写照。

作为党建、学术双带头人，彭丽芳希望在自己的研究领域回馈国家、社会，电子商务进农村正是彭老师以自身力量响应扶贫号召的实践。她认为，尽管自己只是一名普通的大学教授，但是也渴望着能运用自己的专业优势，为中国贫困地区的发展尽一点力量，“再普通的人，也都是要有家国情怀的”。

“因为我们更多的是做‘落地’的东西，辛苦和困难都是在所难免的，但是看到经过我们一年两年的努力，当地从贫困一步一步走到接近小康的时候，一种奉献社会的成就感和满足感油然而生。”也正基于此，彭丽芳对自己的学生也有特别的要求，“做事、做学问之前，首先要学会做人”是彭老师时常挂在嘴边的一句话。

“学做人，做好人”，这个要求看似平凡而简单，却在科研和实践中有着极高的

彭丽芳

作用。彭老师解释道:“我们的科研要面对艰苦的贫困地区环境，缺少吃苦耐劳的精神、缺少责任与使命感，科研怎么能够脚踏实地地展开呢？除此之外，只有单打独斗的精神在科研中是不够的，融入集体，承担集体责任，这在我的科研团队中是必不可少的。”一句简单的要求，是彭老师几十年教学经验的总结，更是彭老师对学生的要求和期盼。

在人生道路上更是如此，在她看来，所有问题其实都跳不出做人、做事、做学问这三种情况。“在工作和生活中，先树立正确的人生观、价值观，在这个基础上再谈做好每一件事、用正确的做事方法，就一定会在学习、工作中取得好成绩。”

桃李不言，下自成蹊，彭老师用她独有的教学魅力感染着学生，长久的科研努力成就学术创新，接地气的调查研究回馈国家。她是精心莳花的知识传播者，以悠长沁人的芬芳诠释“师道”。

（撰稿人 \ 人文学院 2017 级本科生　李佳莉）

春风化雨，润物无声

——记厦门大学法学院院长宋方青教授

宋方青

厦门大学法学院院长，教授，博士生导师。曾获福建省女职工标兵、厦门市维权先进工作者、厦门市先进女职工工作者、厦门大学“巾帼建功”先进分子等称号，多次被评为优秀共产党员。2017 年作为学科带头人的法学理论团队，获“黄大年式教师团队”。担任中国法学会立法学研究会副会长、中国法学会法理学研究会副会长、中国法学会法学教育研究会常务理事、福建省法学会副会长、福建省法理学研究会会长、厦门市法学会副会长，参与学科建设的决策活动。2018 年被选任为教育部法学教育指导委员会委员。2018 年被评为福建省哲学社会科学领军人才。2019 年入选“寻找新中国成立 70 周年厦门 70 位优秀女性”。

“一天只有 24 个小时，时间真是不够用，我绝不能耽误学生的课程，不能卸下作为院长的责任，只能压缩自己的科研时间。”宋方青教授认真地说。除了教学科研外，宋方青还担任了厦门大学法学院院长，厦门市人大代表（共五届），厦门市人大法制委员会副主任委员（共四届）以及厦门市人大常委会委员（共两届）。正是这种责任感让她把时代要求和使命意识有机地结合起来，完美地诠释了“以教育为己任”的真正内涵。

“我叫方青，是因为我母亲希望我一直正当年轻”

提及母亲，宋方青的眼眶湿润了，“母亲是我的女神，她聪明雅致，待人友善”。宋方青的性格受母亲影响很大。虽然家庭条件好，但她学生时代一直吃苦耐劳，积极上进。总是担任学生干部，学习成绩优秀，是当年县里文科高考状元。因为学习成绩好，她才得以留校任教。

宋方青致力于法学学科建设，成绩显著。自 2015 年起担任厦门大学法学院院长，她组织学科建设，努力拼搏，锐意进取，法学学科在队伍建设、人才培养、科学研究、社会服务、国际合作交流等方面取得了长足的发展，在全国第四轮法学一级学科评估中，厦大法学学科位列全国 A 类（全国只有 14 所法学院校列入 A 类），也是厦门大学 7 个位列 A 类学科的学院之一。“我这么努力地工作，不是为了获得自我的满足感，而是责任使然。”宋方青回忆起两任校长对她的任命和嘱咐，“我既然担任院长，即使再辛苦，我也要坚持把工作做好。”这些年来，宋方青院长全面主持学院行政工作，一天只有五个小时的睡眠是常态。

宋方青是个工作科研并重的人。提起宋方青的科研，同事和学生总是称赞不已。在承担繁重工作的同时，宋方青潜心科研、成果丰硕。她参编的国家级规划教材《法理学》《立法学》在国内有较大影响。其中，《法理学》获教育部全国普通高等学校优秀教材一等奖。她还曾出版《台湾涉外投资法研究》《立法与和谐社会——以人为本的理论基础及其制度化研究》《我国地方立法权配置的理论与实践研究》等著作、教材 14 部，在《中国法学》《政法论坛》《现代法学》《法律科学》《法制与社会发展》《法学》等重要学术刊物上发表论文 60 余篇。她主持国家及省部级社科课题共 12 项，横向课题 48 项。她发表的《立法法理学探析》为国内首篇关于立法法理学科建设的论文。此外，宋方青还主编出版“立法法理学丛书”“软法与社会治理丛书”等。她在立法法理学、授权立法、地方立法、台湾立法、法学教育等研究领域居于国内领先地位。她担任教育部高校法学类专业教育指导委员会委员、中国法学会法理学研究会副会长、中国法学会立法学研究会副会长，可见她在法学界的影响和地位。

“我喜欢蓝色，蓝色的大海象征着博大与宽容”

“我喜欢蓝色，纯净的蓝色表现出一种美丽、文静、理智、安详与洁净。蓝色的大海象征着博大与宽容。法学是实践理性，法律人必须理性，必须冷静地思考问题，法律人还必须充满人文精神，要学会包容。心底无私，天地自然宽。”宋方青说道。

“作为院长，我必须尽最大的努力为教职员工和学生创造好的学习、工作和科研的环境，尽最大的可能为大家提供帮助。”宋方青积极改善学院教学科研环境，充分体现人文关怀。厦大法学院这些年整体教学与工作环境都有了比较大的改观，这很大程度归功于宋方青教授的辛勤工作。

宋方青初任院长时恰逢厦大法学院 90 周年庆，她事无巨细，亲力亲为地改善法学院的教学和科研环境。大到装修设计，小到材料的选择、色彩的选用，她都一一跟进。如她亲自挑选模拟法庭的灯泡，选定了蓝色作为整个模拟法庭的基本色调；法学院咖啡厅是她向同为厦大校友的中学同学募捐装修的，在设计时她强调法律元素加入，咖啡厅墙壁上的画像，如《汉谟拉比法典》和中国法官的鼻祖——皋陶，展现厦大法学的中西结合，给师生们打造了一个良好的休息空间和学习处所。宋方青教授参与设计了法学院中庭的喷泉，上面刻着学院的简史，中间源源不断的喷泉象征着法学院的自强不息，而喷泉激起同心圆状波纹，展现出水的包容，呼应着“上善若水，止于至善”。

法学院的学生说，这里如同世外桃源，是厦大最适合学习的地方，在这么一个美丽又有着深厚文化底蕴的地方学习法律是一种享受，会让人沉下浮躁的心去学习、阅读和思考。

宋方青是一个很有品位的人。她的办公室中，书架上放着各类法学书籍，办公桌上摆放着淡紫色的蝴蝶兰和凤尾竹，整个办公室花香袭人，书香浸润。宋方青教授把哲学、政治学、史学、礼仪等融入日常教学，让理性和感性完美交融。法学院的舞蹈室也是在她的倡导下建设起来的。

“宋方青教授，是我们院的女神”

法学院的学生都亲切地称呼宋方青为“女神”。从教 36 年，宋方青教授教学效果好，深受学生喜欢和爱戴。测评“你对这位老师的满意程度”，学生平均分为 5 分（最高分为 5 分）。2018—2019 学年课程“法理学专题”获得学生 4.99 分（满分 5.0）的高分评价。宋方青教授课堂内容充实、信息量大；条理清晰，逻辑严密；理论联系实际，关注学术与实践前沿问题；有效地指导学生理解和掌握知识、增强学生学习的兴趣和能力；授课方式灵活，讲述生动，教学效果好。她严于律己给学生起到模范表率作用，培养了大批法律人才。宋方青教授在平凡的教学科研中不断给他人带来潜移默化的影响，她的为学和为人使学生们终生受益。

教学、科研、行政，这些年，压在宋方青教授身上的担子越来越重，她的精力

宋方青

常年处于透支状态。自任教以来，课堂才是她最喜爱的舞台，学业有成就是她对学生最大的期盼。她爱生如子，不仅教他们做学问，还教他们做人。她总是教育学生，要善待他人，也要善待自己。予人玫瑰手有余香。善待自己，一方面要丰满自己的知识体系，另一方面要健康快活。宋方青教授的弟子说起宋教授亲自包饺子给他们吃，和他们一起畅谈学问和人生的情景，都是满脸的幸福。给自己门下的毕业生一个拥抱，这是宋方青教授近几年才有的仪式。她希望这个拥抱能传递老师的爱和希望。

采访结束时，宋方青教授也给了记者一个温暖拥抱，她就如同一缕春风，润物无声。她就如同冬日暖阳，融化坚冰。她就如同黑夜灯塔，照亮航程。

（撰稿人 \ 新闻传播学院 2019 级硕士　胡慧娴）

妇女权益保护路上的“那轮明月”

——记全国三八红旗手，厦门大学妇委会主任、法学院蒋月教授

蒋月

1962年11月24日出生，中共党员。厦门大学法学院教授、博士生导师，民商法研究所第一、二届主任，社会法研究所主任，兼任厦门大学校务委员会委员，厦门大学妇女委员会主任，厦门大学工会副主席兼女工委主任，厦门大学妇女/性别研究与培训基地常务副主任。蒋月长期从事婚姻家庭法与继承法、劳动法与社会保障法、性别与法律领域的教学、研究和社会服务。兼任中国法学会婚姻家庭法学研究会理事会第五、六、八届副会长，福建省法学会婚姻家庭法学研究会顾问。2017年当选福建省十佳“职工最可信赖娘家人”，受聘为国务院妇女儿童工作委员会办公室“儿童工作国家智库”首批专家。2003年、2010年先后两次被全国妇联等单位授予“全国维护妇女儿童先进个人”荣誉。2019年，被全国妇联授予“全国三八红旗手”的荣誉称号。

“我们都称蒋月老师为‘女神’，”厦门大学2015级博士研究生陈霖说，“我的导师蒋月总以一种美好姿态出现在我们面前，无论是做学问还是做人，都非常优雅。”正如学生所言，蒋月，在教学岗位中，认真敬业，精心授课；在学术研究中，潜心钻研，成果丰硕；在服务社会中，敢于发声，不求回报。而“蒋女神”的称号，也在厦门大学法学院的学生中口口相传。

选择法律，追寻公平正义

当被问及童年的梦想时，蒋月笑着答道：“我小时候的梦想，最早是当老师，因为家乡的小学有位女老师特别受欢迎，无论学生还是家长，人人都喜欢她。后来，有机会到城市，看到工作中的交通警察，感觉交警超厉害，一抬手，所有车辆都得停下来。觉得自己长大了应该做一名交警。进入初中，理想变了，想做医生了，整个中学时代如此。”

1978 年，中国迎来了改革开放，民主与法制建设如火如荼地展开。1979 年，蒋月高中毕业。蒋月说：“当年，我认为法律很重要，我要去学习这种主持公平正义的专业。次年，高考时，我就填报了西南政法学院。其实，当时我家乡中学关于高考的信息很少，我们班许多同学在填报志愿时都依赖班主任。我至今清楚地记得，班主任交给我的志愿条上写的是一所大学的会计专业，另一位同学拿到的条子上写的是西南政法学院法律专业。我们两个年轻人背着班主任悄悄地交换了纸条。”满怀一腔热血、赤子之情的蒋月，就这样踏上了学法的道路。在她面前展开的，是一条维护社会正义，心系妇女权益的道路。

“我是 1980 级的大学生，我们大学时候学习的法律，在今天看来都比较简单，能够阅读的参考资料也非常少，主要是学校发放的教科书和教辅材料。”谈起求学经历蒋月说道。当时可供阅读的专业书籍少，学习热情很高的她，每当寒暑假回家的时候，就把那些教科书、教辅材料和案例放进行囊里，背回家看。西南政法大学的教育、这种学习热情和阅读爱好为她的学术研究打下了良好的基础。

蒋月治学认真勤恳、兢兢业业，对于研究学术中的每一个细节都能做到精益求精、滴水不漏。厦门大学 2017 级硕士研究生高煜宸曾与同门协助蒋月完成一项家庭暴力案件的数据统计。统计完成后，她亲自一一核对，提出修改意见，把五位同学的工作“再做一遍”。令高煜宸难忘的还有，蒋月在给他的回信中真挚地写道：“论文是学术生涯的总结，将会伴随你的一生，尽管无法达到完美，但也要力臻完善。”

良师益友，培育初萌盆栽

“我觉得老师的课堂是有魔力的，老师自己也很有吸引力。”陈霖说。

在课堂上，蒋月会结合时事热点提出些带有辩论性的问题，走到学生中提问：“这个问题，你怎么看？”“你有什么不同看法吗？”“刚才那位同学的观点，你有什么补充或反驳的吗？”……同学们积极参与表达观点，课堂氛围活跃。蒋月的课堂幽默有趣，互动探讨、旁征博引。不似主动灌输的教学方式，她注重引导，让学生们独立思考，发现、分析并解决问题。“参与课堂讨论，不仅是训练学生快速发现问题或抓住争议焦点，而且还有个重要的目的是要训练学生的胆量和气魄，”蒋月说，“课堂是个很好的训练场所，无论是对口头表达、语言组织还是调动和运用积累的知识，在极其有限时间内尽可能简要地对问题进行专业分析，并表达出来。”

蒋月担任硕士生、博士生的导师，开设多门专业课程；同时，每年都坚持为本科生上课。除了客观原因外，她认为，人才培养最基础时期就是本科生阶段，这是她一直坚持的教学理念。“可以借用一个盆景造型来说明人才培养的阶段性，本科生的时候，如果设计师把他们设计并培养固定成 A 型，他们基本上就是 A 型了；到了研究生阶段，老师硬要把 A 型拧转成 B 型，有很大的困难。”如果本科生阶段的专业基础没有打扎实，专业思维狭窄甚至僵化，后续发展将会受到很大限制。

课堂外的蒋月活泼、可爱、可亲，是学生心中的“知心大姐姐”。每年，蒋老师都会组织一次踏春和秋游活动，邀请她指导的研究生一起户外运动和交流。几乎每次这类活动都会有已毕业的同门来参加，并跟师弟师妹们交流职业发展心得和感悟。高煜宸回忆道：“她在生活中很关心学生，曾经有位师兄因患病罹难，蒋老师获知后，十分悲痛，向师兄家人表达了哀思，委托在当地的同门毕业生协助师兄的家人处理相关事务；蒋门组织了同门募捐，把募集到的钱交给师兄的家人。”蒋月也时常邀请学生一起就餐，关心学生的生活，一起畅谈大学生活，分享求学经历，最后她总不忘询问同学们在生活、学习上的困难以及对学校提供帮助的需求，希望尽自己的所能帮助同学们解决问题。

投身公益，致力妇女维权

蒋月担任厦门大学工会副主席、厦门大学妇女委员会主任，兼任福建省妇女联合会执委、厦门市妇女人才研究会会长等地方组织的社会职务。她还被全国妇联授予 2018 年度“全国三八红旗手”荣誉称号，被选为福建省十佳“职工最可信赖娘家人”，先后两次被全国妇联等单位授予“全国维护妇女儿童先进个人”等。谈及这些荣誉，她十分感激组织给予的肯定和嘉奖，很感谢厦门大学这个工作和服务的大平台为她提供的机会，让她可以发挥专长，有所贡献。蒋月老师表示，这些奖项只是“额外的礼物”，她只是学校众多老师中的一位，力所能及地承担一份社会责任。

早年，蒋月接触到一位妇女，丈夫因病离世，一人独自抚养年幼的儿子，收入

蒋月

又低，生活十分困难。了解情况后，蒋月建议这位妇女向她丈夫生前工作的单位寻求帮助，未成年孩子的父亲原工作单位有责任提供一定经济帮助直至孩子成年。后来，蒋月为这位妇女撰写了相关申请，告知她带上哪些材料和证明，去找对方单位的哪个部门来解决。结果，这位妇女的丈夫生前的单位果真为她的孩子提供了帮助。在偶然听这位妇女说起孩子的祖父母曾留下了房产，但是，因为孩子的父亲去世早，没有分到，蒋月老师敏锐地意识到这个孩子有继承遗产的机会，通过法律途径能够分得到祖上房产。她为这位妇女和她的孩子提供法律援助，通过诉讼，要求孩子代位继承其父亲应继承的家产，得到了法院支持，这个孩子分到了一层楼的房产。在妇女维权道路上，这样的事情她并不少见。“我做这些事时，觉得我真的实现了自己当初的梦想：通过法律来推动社会的公平正义。”她很庆幸自己的努力可以真正帮助到当事人特别是妇幼老弱这些人。

致力于妇女工作的她，开展多种形式的活动来服务妇女姐妹。比如，举办“芙蓉湖畔对话”，开设“女教职工素质能力提升研修班”等。“通过各种各样的社会服务工作，推进不同妇女群体之间交流和两性相互的交流，通过交流促进理解，通过交流促进融通，有交流才能够促进合作。”蒋月说，“男女之间、不同群体的妇女姐妹之间，相互认识、理解彼此，互相尊重，推进男女平等一点儿一点儿地进步，我们的工作才能够产生更好效果。”

她长期关注妇女等弱势群体权利保护，把自己的科研成果运用到社会工作中。积极推动并参与国家和地方有关立法，创新性地开展妇女工作，倾心竭力维护妇女权益。

采访临近结束时，蒋月说：“我现在最大的感受是时间不够用。”她要做的事还很多，其中，最想做“两件事”：一是更好地执行完成自己的学术计划，把这么多年在婚姻家庭法和劳动法领域的积累和诸多思考转换成文字，把写了一半的论文完成并发表，同时完成写作计划中的著作撰写；二是继续培养相关专业领域的学术新人，扩大民商法学科的学术影响力，推进法学发展进程。

推动法学发展，培育法学人才，维护社会正义，蒋月一直在路上，从未停歇！

（撰稿人\法学院 2018 级本科生　蓝栋华）

用大爱孕育格桑花，用行动共谱山海情

——记中组部第八批援藏教师、厦门大学公共事务学院杨玲副教授

杨玲

中共党员，厦门大学公共事务学院副教授。荣获中组部第八批援藏干部优秀援藏干部人才、西藏民族大学优秀援藏人才、西藏自治区第四届督学等荣誉称号。曾获第五届中国政治思想史论坛二等奖、第四届中国政治思想史论坛“刘泽华学术研究奖励基金”二等奖、厦门大学2013年度“邓子基奖教金”。2006年入职厦门大学，勤勉踏实，教学认真，科研努力。2015年2月，作为校际援藏项目派出，到西藏民族大学工作。2016年7月转成中组部第八批援藏项目，总计在西藏民族大学援藏4年半。

“当孩子们拿出哈达的那一刻，我真的很想哭，这一切都值得了。”

正值午饭时刻，西藏民族大学的食堂里挤满了人。突然之间，一群孩子齐刷刷地拿出哈达，郑重地将其用双手捧起献给那位在这所学校奉献四年半光阴的女教师——杨玲。

那一刻，所有的画面都被定格：孩子们发红的眼睛、真挚的笑脸上兴许还挂着泪痕，捧着圣洁哈达的双手正微微颤抖着。

这群来自雪域高原上的孩子们，以他们的真心感谢杨玲老师多年来的付出与帮助。而对杨玲而言，临行前孩子们自发的举动给她的援藏经历画下了一个圆满而温暖的句号。

千山之巅外的世界，她是他们的引路人

对于西藏民族大学的很多藏族学生而言，西藏民族大学是他们走向千山之巅外的世界的第一站，而杨老师是给他们带来许多成长与自信的引路人之一。在课上，杨老师用严谨的教学态度向同学们传播专业知识，并时常鼓励同学们敢于尝试、勇于创新；在课后，杨老师用行动耐心地引导同学们向人生中新的领域探索前进。在这样朝夕相处的反复交流中，师生情谊越发深厚，彼此之间越发信任，杨老师也在潜移默化之中为同学们种下了创新创业的种子。

“他们愿意主动跟我联系做大学生创新创业的项目，这对于他们就是一个突破。”谈到扎多时，杨老师满脸欣慰。这个曾经利用假期在建筑工地扛沙运土挥洒汗水赚学费的牧区学生，在杨老师一步步的引导下，如今已在孵化文创产品中实践着他的创新创业梦。

在与杨老师的多次交流中，扎多心中的创新创业之种萌芽了。他主动找到杨老师指导大创项目，开始了评估拉萨雪顿节的游客满意度的尝试。他们之中的很多人从小成长在牧区，有些甚至从未去过拉萨。对于他们而言，在藏族年度狂欢的这天，向来自天南地北的游客发放问卷，是莫大的挑战和历练。更让杨玲欣慰不已的是，有个曾经看到她都会脸红不已的藏族小姑娘，都能够克服害羞，独立地完成问卷工作。

“他们随时随地都会与我沟通，让我有一种他们终于迈出这一步的欣慰。”因为个人没有电脑，他们只能在公用机房里反复修改；因为不会使用专业的统计软件，他们只能用纸笔反复计算、反复修正每一个百分比。但他们既不想对自己失望，更不想让杨老师失望，所以他们越挫越勇，更加积极主动地与杨老师沟通 。他们对她满怀信任，也在不断地沟通中反思并成长；她对他们温柔耐心，不厌其烦地一遍又一遍教他们如何设计问卷、如何整理数据、如何撰写报告。杨玲与他们共同努力，共同呵护着这朵创新创业之花的成长。

在顺利完成雪顿节大创项目后，扎多等人有了极大的信心，再次组队参加了

首届“文创西藏”版权交易设计大赛，并获得“设计类”入选奖。他们萌生了参加“挑战杯”的想法又一次找到杨玲。这一次，杨玲因为援藏工作期满而无法亲自带领他们探索更多的可能，但她带给他们的成长与自信将继续指引着他们前进的路。

那些纯白的哈达承载的是祝福、是感激、是敬意，更是那浓浓的山海情，她用行动带领他们探索多样的人生，而他们用圣洁的哈达向她献上世间最美好的祝福。

雪域高原上的科研，她是他们的“救火队长”

“‘幸福家园建设者’——新时代西藏大学生就业创业研究”是西藏自治区教育厅 2018 年度重大委托课题，事关西藏经济发展、边疆稳定、民生保障、社会和谐，而杨玲被寄予厚望成为该课题的总负责人。她扛起大梁，不畏艰难，统筹协调着十一个子课题组，扎实推进着课题研究。

“杨老师，我好像高反了。”

“杨老师，杨老师，我的头好晕。”

那是课题团队首次进藏的第一天晚上，不停地有学生敲着杨玲的门。对于初次进藏的内地学生而言，高原反应不仅是身体上的不适，更是心里的恐慌。此时已经吐了八九次的杨玲，强忍着身体巨大的不适，不停安抚着学生们害怕的情绪，强打精神安排他们就医。高原反应仅仅是开始，未来的七天内还有无数挑战考验着杨玲及其团队。

相较于在内地做调研，在青藏高原上做调研，更能挑战一个人的统筹协调能力与抗压能力。“杨老师，这种情况怎么办？”像这样的问句，在进藏调研的日子里反复出现，而杨玲就好像救火队长，各处奔波以及时处理各种状况。一方面，极端环境给团队带来了身体不适，加之高强度的工作压力，使他们在面对调研挫折时心理更加脆弱，杨玲是他们的知心姐姐；另一方面，面对突发状况，杨玲作为总负责人，需要不断调整研究方向、联系相关单位，还需要协调团队开展工作，以确保课题的顺利进行。

除了进藏实地调研，这个庞大课题系统的前期部署和后期推进，杨玲都倾注了巨大的心力，特别是前期打破专业壁垒，她为该课题团队组建了一个跨学科的专业研究队伍，为课题扎实推进打下了坚实的基础。她用无知者无畏来形容这个课题调研经历，“现在回想起来，我还有些小嘚瑟”。而这一点“小嘚瑟”，正是她在雪域高原上践行学者的使命与担当的充分体现。

组团式援建的团队，她是他们的一分子

根据国家“组团式援藏”的政策要求，与杨玲同一批的是来自 7 所不同高校的 21 位教师，他们是杨玲对口援藏征程中的“加油站”。当谈及团队为西藏民族大学办学水平的提高所达成的成果时，杨玲满脸欣喜与骄傲。

在华东师范大学李海生教授的带领下，团队完成了 17 个学位点论证与申报工作，成功拿下了 14 个硕士点，而杨玲是团队中倾情奉献的一分子。他们没有把自己当成援藏干部，而是把自己视为“西藏民大一分子”，用最大的热情争取着学校

杨玲

发展的更多可能。

在高原反应中工作，在高压下坚持，是他们的常态。“白天先是教育厅开会，傍晚六七点钟拿到评审材料，我们一边吸着氧气，一边看材料到凌晨三四点，你看这些学科，我看那些学科。”杨玲回忆起那日在拉萨神湖酒店的工作情况，坚定的眼神令人动容，“第二天九点就开会审核了，为了西藏民大能顺利通过，我们谁都不愿放下。”

他们在相互鼓励中凝聚团队的力量，在相互支持下奉献着自己的能量，杨玲为是他们的一分子而骄傲。这一支优秀的工作团队，在科学研究、人才培养、医疗服务以及管理改革与创新等方面做了很多开创性的工作，为西藏民族大学建设中国特色、西藏特点的综合性一流民族大学奠定了坚实稳定的基础。这凝结着援友情的“组团式援助”的合力，也在给予着杨玲坚定前行的力量。

2019 年，杨玲被西藏自治区党委、政府授予“第八批优秀援藏干部人才”称号。援藏四年半，带给她的不仅是荣誉，也不仅是师生情谊与援友情谊，还有对生命更多可能性的认识。双方互赢是她对援藏的定义，而更加柔软、更加包容、更加富有韧性则是援藏经历送给她的礼物。杨玲如今已回到厦门大学，肩负起本校的教学及科研工作，但她永远不会忘记，那份来自大海联结着群山的真挚情谊。

（撰稿人 \ 公共事务学院 2017 级本科生　詹晓玲）

坚守初心努力奋斗，立足岗位无私奉献

——记中组部和共青团中央第十六批援疆博士服务团、厦门大学公共事务学院魏丽艳副教授

魏丽艳

厦门大学公共事务学院副教授，管理学博士，主要研究方向为政府改革与治理、公共部门人力资源管理、社会保障政策等。先后担任公共事务学院辅导员、公共管理系专业教师，曾挂任新疆维吾尔自治区党委组织部干部教育处副处长和厦门大学党委组织部副部长。

从辅导员到专业教师，从一名听党话的学生党员到对党绝对忠诚的优秀共产党员，从南国海滨的传道授业解惑到北疆大漠的忠诚干净担当，魏丽艳始终坚守初心努力奋斗，立足岗位无私奉献。她用自己的光和热照耀和温暖着身边的每一个人。

七年辅导员，八年专业教师，两年挂职的工作经历，魏丽艳始终坚持做学生政治上的引路人，生活上的贴心人，思想上的解惑人，学习上的授业人。在厦门大学“自强不息、止于至善”校训精神的指引下，她脚踏实地、爱岗敬业，超越自我、不断前行。无私奉献、回馈社会，找准定位、担当使命，就是魏丽艳巾帼故事的真实写照。我们坚信，魏丽艳老师今天的辛勤耕耘必将换来明天的硕果累累！

脚踏实地，爱岗敬业

魏丽艳老师从 2004 年入职以来，已经有 15 个年头，在这期间，她从辅导员到专业教师的队伍，秉持的是对教师工作的热爱。用她的话来说，就是“做学生政治上的引路人，生活上的贴心人，思想上的解惑人，学习上的授业人”。魏丽艳在和学生相处交流时十分融洽，他们都把魏老师当成了自己的“知心大姐姐”，有什么问题都会来找她。多少年过去了，已经从厦门大学公共事务学院毕业的同学们仍然清楚地记得魏老师的温柔语调和谆谆教诲。“作为老师，对学生的影响不仅仅局限于本科生与研究生阶段。像魏老师这样，是真真实实地影响了学生的一生，是我们每一位老师的榜样。”公共事务学院行政学与政治学系夏路老师说。魏丽艳作为一名在平凡岗位中的教师，用她的言行，如沐春风般地影响着一届又一届的学生。

“魏老师人很温柔，在生活中就像是长辈一样关心我们。”汪梦玲同学说道，“有一次去见老师，可能是那段时间没有休息好，气色也比较不好，老师就叮嘱我要多注意休息，去医院看看有没有贫血的问题。”魏老师不仅关心学生的身体健康，对学生的心理健康也十分关注。公共事务学院是较早关心学生心理健康的学院之一，很早就在班级设立心理委员，及时做好同学的心理疏导……为了更好地服务学生，从那时起魏老师就养成了手机 24 小时开机的习惯。

魏丽艳不仅在日常工作中十分关心学生，在学生毕业就业指导方面也做出了许多努力。魏老师十分注重学生的职业生涯规划，当一年级新生入学后感到迷茫之时，她会从职业生涯规划的角度开设专题辅导，也会邀请已毕业的学长学姐来为大家答疑解惑；此外，魏老师已连续十几年帮助本科毕业生联系实习单位，解决集体实习过程中的具体问题。正是立足岗位无私奉献的精神让魏丽艳多次获得厦门大学和厦门市的表彰。

超越自我，不断前行

作为一名专业老师，魏丽艳在教学中潜心育人，在科研中一丝不苟，在论文指导中严格要求，正是这不断追求完美，不断超越自我，不断前行的精神换来了今天的硕果累累。魏老师曾主持国家社科、教育部人文社科、省社科基地重大项目及地方政府委托科研项目 5 项；参与国家社科基金和福建省社科规划项目 3 项；发表论文近 20 篇，其中俄文 8 篇；出版中文著作 1 部，参与编写教材 6 部，也因此获得了厦门大学“至善奖”科研类奖教金等荣誉。

魏丽艳立足岗位，不断追求新的突破，不断超越自我。“在管理领域，特别是公共管理领域，能申请到国家社会科学基金，不是一件容易的事情，但是魏老师做到了，她一直在不断地努力。”漆亮亮老师说道。正因为她的不断追求，突破自我才有在科研领域方面的一系列荣誉和作为。

说到科研工作，不得不提起魏丽艳的本科专业——俄语。魏丽艳曾作为访问学者到俄罗斯莫斯科国立大学进行学术交流和研讨，这不仅增强了学院间的交往交流，也为校际交流提供了新的平台。“魏老师精通俄语，为厦大和俄国学校的学术交流搭建了沟通桥梁，也为中俄外交关系研究提供了许多帮助。”夏路老师说。魏丽艳老师一步步努力，不断追求进步，从未止步。这，也践行了我们厦大人所秉持的“自强不息，止于至善”的校训精神。

无私奉献，回馈社会

“到西部去，把我们的青春活力、专业知识，投入到祖国最需要的地方！”魏丽艳老师坚定地说。2015 年 11 月至 2016 年 11 月，魏丽艳挂职于新疆维吾尔自治区党委组织部。“服从组织安排，坚决完成组织交给的各项任务”是魏丽艳作为一名党员对自己的基本要求。在当地的工作中，魏丽艳发挥自身的专业优势开展干部教育工作，认真锻炼学习，在工作之余先后三次赴南疆阿克苏乌什县看望“访惠聚”的驻村干部，送教下乡，资助少数民族学生，圆满完成了“了解国情，服务地方，积累经验，增长才干”的服务锻炼任务，深受挂职单位的好评。挂职期间，她对学校的工作丝毫没有松懈，虽然远在新疆，她还同时指导了多名本硕毕业生的学位论文，并且都以优异的成绩毕业。挂职结束返校后，为了不影响学生们正常毕业，加班加点地给同学们补课。

当讲到去新疆挂职的感受时，魏丽艳说：“去了新疆一年，明显地感受到我们国家地区间的差异还很大。虽然说新中国成立 70 年来，我们的国家发生了巨大变化，人民生活水平有了大幅提高，但是，边疆地区仍需进一步发展，我们新时代的青年更应该到祖国需要的地方去，去服务边疆。去新疆挂职对于我而言，是一次历

魏丽艳

练吧。在这个过程中，收获了自我成长、实现了自我价值，在自己的岗位上发一分光和热，鼓舞周围的人做对国家和社会有意义的事情。今后，有机会我将全身心地投入到祖国边疆的建设中。一年援疆，一生疆情！”

找准定位，担当使命

魏丽艳受到家庭的熏陶和影响，从小就希望自己能够成为一名共产党。从少先队员到共青团员，更逐步坚定了她的共产主义信念。在大二入党之后，魏丽艳始终以优秀共产党员的标准来严格要求自己。工作后，先后两次获得“厦门大学优秀共产党员”荣誉称号。

魏丽艳坚定的理想信念、较强的党性修养和较高的政治站位使她在多年的行政、教学的岗位上体现出较强的组织协调能力和领导能力，这也是她挂职厦门大学党委组织部副部长的一个很重要的原因。

作为一名优秀的共产党员，魏丽艳始终保持爱国爱党，爱岗敬业和无私奉献的精神。在日常的教学中，她会自然而然地将一些思想政治教育的内容融入课件之中，立德树人，为培养新时代社会主义建设者和接班人贡献出自己的一份力量。立足岗位、脚踏实地，做一名讲政治、有担当的“四有”好老师，这正是作为优秀共产党员的魏丽艳老师在工作中的真实写照。

米哈伊尔 · 伊万诺维奇 · 加里宁曾说：“教师是人类灵魂的工程师。”这充分说明了老师这个职业的特点，也是社会赋予教师崇高的赞誉。魏丽艳在平凡的教师岗位中，引导着学生树立正确的人生观、价值观，关心学生，专注于培养一批批学子，在科研工作中尽心尽力，投身到祖国最需要的地方，用自己的言行去影响身边人……魏丽艳，在不同的岗位上努力奋斗，但始终不变的是一颗无私奉献的心。承担起时代的使命，实现自我价值，她，是我们这个时代真正当之无愧的“工程师”！

（撰稿人 \ 公共事务学院 2018 级本科生　吴艺敏）

从袁学姐到“袁妈妈”，她总与学生同在

——记厦门大学马克思主义学院袁华副教授

袁华

1964年2月出生，厦门大学马克思主义学院形势与政策教研部副教授，2014年以来，连续四年获得厦门大学思想政治理论课实践教学优秀指导教师。2018年9月，获“厦门市优秀思政工作者”称号。2019年6月，获中共厦门市委教育工作委员会“优秀党员”。2019年10月，获评厦门大学“我最喜爱的十位老师”。主要讲授课程：毛泽东思想和中国特色社会主义理论体系概论、当代世界经济与政治、形势与政策。

“我叫袁华，名字‘又圆又滑’，为人方方正正。”每门课程的第一堂课，袁华都这样介绍自己。“教学是我整个人生最核心的一部分，也是最快乐的事。”作为一线思政课教师，袁华追寻教育的根本任务是立德树人。在她看来，“人”的一撇一捺，既是物质的人，更是精神的人。中国特色社会主义进入了新时代，青年一代更应有理想、有本领、有担当。她希望自己的教学不仅能够传播理论知识，还能够培养学生的人文情怀，坚定理想信念，志存高远，脚踏实地，勇做时代的弄潮儿。从教30多年，袁华一直怀抱着这样的正能量和激情，认真踏实工作在教学的第一线。

别出心裁，思政课也灵动

为了让学生做到真爱真学真懂真信真用，袁华坚持“接地气”的理论讲授方式，既有高度又有深度。袁华讲马克思主义理论时，播放了歌曲《马克思是个 90 后》。她从马克思的多彩人生，到马克思究竟“厉害”在哪里，即立德、立言、立功，再到今天我们应该学习马克思主义什么，深入浅出地重温马克思的崇高精神和光辉思想。讲到改革开放 40 年的成就时，她使用比较的方法，纵向和一百年前的中国、七十多年前的中国、四十年前的中国、五年前的中国比较，大量的数据、图片、影视资料，让学生穿越时空更深刻地感受到我们国家在政治、经济、文化、社会生活等方面的巨大发展变化。横向和发达国家、新兴市场国家比较，既感受中国发展的优势，又要充分认识到我们国家存在的不足，并分析其形成的主客观原因，提高学生理性分析问题的能力及对这门课的认同，认清中国特色所在，坚定“四个自信”。

除此之外，为了使原本枯燥的理论生动起来，袁华充分利用多媒体技术、微电影等教学形式，让学生畅所欲言、施展才华，和学生一起带着所学参加社会实践。面对“互联网 + 教育”时代，她积极参加教育部举办的高层次新技术应用学术研讨会，制作了概论课 MOOC，探索网络助力教学的新命题。2018 年，袁华进一步创新教学组织方式，让所在班级学生以小组为单位，以“红色追寻”“改革开放印记”“中国梦，青春梦”等为主题，拍摄微电影，深受广大师生好评。30 多年来，袁华在润物细无声中，让学生接受教育，将理论内化为信念。多年来，袁华的课始终是公开的，许多同行和其他专业课的老师都来观摩过她的课。2017 年，袁华的课被作为教学示范岗位在全校推出。

“与学生一瓢水，自己就得有一桶”

袁华的每一天基本都是伴着早上七点《朝闻天下》熟悉的开场音乐开始的。所谓“台上十分钟，台下十年功”，作为负责教授全校三门公共政治课的教师，在繁重的教学工作之余，及时地“充电”也成了她必不可少的“日课”。作为思政课教师，“与时俱进”是必修课。袁华说：“我早上起来看《朝闻天下》，然后看书备课。中午的时候必看《今日说法》和新闻。晚上看《新闻联播》和《焦点访谈》。经济方面我还看《对话》，国际方面看 4 频道的《深度国际》。还有一些专题片和政论片——所有这些资料，我都会第一时间融入教学，并上传到自己的课群中与学生共享。时事不断在变，热点特别多。所以我的日常生活总与中央电视台为伴。”

袁华的书房里，书橱、桌上都摆满了各类专业书籍和资料，光是订阅的报纸杂志就有二十多种。她的手机里还下载了人民网、新华网、环球网、求是网等各种 APP，用以每天第一时间跟踪关注研究国内外动态，积累大量贴近时代、贴近生活、贴近学生的鲜活的案例，更好地在课堂上深入浅出地讲好中国故事。

十九大召开后的第一时间，袁华在自己所带的班级进行了十九大精神的宣讲。2018 年 1 月 10 日，作为“厦门大学思政课骨干教师名师示范课堂”之一，她以“大国外交与人类命运共同体”为题走进本科生课堂，并作为厦门城市党建学院的客座教授，宣讲习近平新时代中国特色社会主义思想，从学校到党政机关、国企、非公企业、街道社区……

“亲，别忘了，老师爱你们！”

作家冰心曾说：“有了爱，便有了一切，有了爱，才有教育的先机。”袁华爱学校、爱事业、爱学生。基于爱，她拥有一份乐于付出的执着、一份期待的耐心去欣赏和激励学生。特别是对于步入大学校门的大一和大二学生，课前课间课后、线上线下为他们答疑解惑。基于爱，她对学生晓之以理、动之以情，让学生“亲其师”“信其道”，尽到教书育人、立德树人的责任，并把这种责任体现到平凡、普通、细微的教学之中。基于爱，才有了用一辈子备一堂课、用一辈子在三尺讲台默默尽职尽责的力量，才有了敢于攻克新知新学的锐气。基于爱，一周二十几节课她可以不知疲倦，一遍一遍地重复，充满激情，课余时间愿意做学生社会实践和大学生创新创业训练计划的指导教师。基于爱，她平等对待每一个学生，尊重学生的个性，理解学生的情感，包容学生的缺点和不足，善于发现每一个学生的长处和闪光点。基于爱，她不厌其烦

袁华

地为入党积极分子讲党课，以自身过硬的知识储备和党性修养，使学生深刻领略政治理论的内在魅力并不断转化为内心的理想信念。有学生曾在给她的信中写道：“老师，您使我有了更坚定的信仰，更明确的目标，对中国的历史和现实有了更加客观和全面的理解，看到了我们青年一代在复兴路上的责任和使命。我们要不断追问：自己为祖国做了什么？”更有学生在“毛泽东思想和中国特色社会主义理论体系概论”结课后，留言道：“人生听过的最精彩的一节思政教育课。袁老师学以致用，学有所用；外在探讨毛泽东思想，深层次探讨立身立命之道。实在是赞！”在 30 多年的思政教学中，袁华就这样伴着学生一路走来，共同成长，从年轻时的“袁学姐”到现在的“袁妈妈”。

“作为慈爱又严格的袁妈妈。我既要教育好自己的孩子，更有责任把新时代的学生们培养成社会主义接班人。”袁华是这样想的，也是这样做的。每学期的期末最后一课，袁华总会送给学生们一份“礼物”——期末寄语：“祝亲爱的你们，学业像马克思主义一样不断发展，青春魅力像毛泽东思想光芒四射，爱情生活像邓小平理论演绎春天的故事，健康快乐如‘三个代表’与时俱进，未来人生如同科学发展观般统筹兼顾。青春没有标准答案，更无关输赢成败，且行且珍惜，感谢有你们的相伴，我们共同成长，共同奋斗。亲，别忘了，老师爱你们！谢谢大家！”

思政教学对于她而言，是责任、是快乐、是爱。袁华是平凡的，但她又是非凡的。三十多年如一日，她教学育人，润物无声，始终将自己的人生与学生编织在一起。对于袁华来说，学生就是她最优的科研成果、最好的荣誉证书，更是她作为共产党员最坚定的初心。

（撰稿人 \ 马克思主义学院 江春萍　宣传部 陈瑶华　公共事务学院 2017 级本科生 施乐）

念江海而下百川，思人文而润新蕊

——记厦门大学台湾研究院副院长张羽教授

张羽 厦门大学台湾研究院教授、副院长、博士生导师，两岸关系和平发展协同创新中心文教平台执行长、《台湾研究集刊》编委，兼任福建省台港澳暨海外华文文学研究会副会长、世界华文文学学会青年委员会主任、海峡文学艺术发展研究中心特约研究员、福建省妇女理论研究会理事、厦门大学妇女/性别研究与培训基地两岸妇女研究中心主任。研究方向为日本殖民地文学圈研究、两岸文学渊源与比较、福建涉台文化资源现状调查。著有《台湾文学的多种表情——关于台湾文学研究的思考》《泰戈尔与中国现代文学》《镜像台湾——台湾文学的地景书写与文化认同研究》。曾荣获2016年厦门大学“三八红旗手”，2017年福建省“三八红旗手”等荣誉称号。

身着碎花白衬衫，戴着一副金属窄框眼镜，一双眼睛透着真诚，这就是学生眼中的张羽老师。

新世纪之初，张羽博士毕业后，来到厦门大学台湾研究院。今年已经是她来到台湾研究院的第十八年，巾帼不让须眉，在旁人的眼光里张羽是优秀的，不管是学术科研、教书育人，还是行政管理、社会工作，她都勤勤恳恳地一直探索着。

良师益友 做叶的事业

张羽最爱诗出自泰戈尔：“果实的事业是尊贵的，花的事业是甜美的，但是请让我做叶的事业吧。叶是谦逊的、专心的、垂着绿荫的。”而她确实是像叶一般，谦逊而专心。

张羽承担着本科生和研究生的教学，开设了“台湾电影与文学”“台湾艺文与思想”等课程。她认为：厦大有做台湾研究最肥沃的文化土壤，很多师生都关心、热爱台湾。为了能让学生理解台湾文学，了解台湾人的心理，她会让学生回到台湾历史语境里，通过换位思考、扮演历史人物等方式，让学生在笑声不断中，深入体会当时的历史现实和文化思想。她说：“比方说我讲到日据时期新旧文学论战的时候，就会让学生分角饰演当时的文人进行论战，一派学生去扮演捍卫文言文的传统文人知识分子形象，还有一些就去扮演新式的知识分子。让他们去体会传统知识分子为什么会坚决捍卫文言文书写的方式？新式文人为什么会采取一种非常过激、矫枉过正的方式来批判文言文，批判传统文化？”通过丰富有趣的形式，张羽把课堂交给学生，让学生成为教学的中心，主动为问题找到打开心灵之锁的钥匙。

张羽还积极促进两岸青年学生的交往。在担任文学所所长时，她负责筹备“两岸学子论坛”中的文学分论坛，她希望两岸研究生放下历史包袱，培养相近的学术兴趣，可以对话、可以辩论。“台湾研究院连续六年推动的‘两岸学子论坛’已经成为一个研究生的学术品牌活动，每一次，看到两岸研究生的学术互评，看到微视频大赛，深感年轻人的创意无穷，未来有共同兴趣的年轻人会成为好朋友，而这是两岸未来发展的情感基石。”

在研究生培养方面，张羽有意识地对他们严格要求。她和研究生秘书一起探索，根据研究生的培养方案，倒推回去，制定合理化的“行事历”，以保证研究生可以把握节奏。张羽的博士生说张老师不仅给她学术上的指导，更让她感动的是，在每一次她对自己产生怀疑的时候，张羽都鼓励她。她说：“在我做得不是很好的时候，张老师会安慰说‘没关系，我知道你已经尽了全力’。在我一度怀疑自己能不能走学术道路的时候，老师会鼓励我‘我相信你可以！’。”

迎难而上　巾帼不让须眉

由于张羽的辛勤工作，她荣获 2016 年厦门大学“三八红旗手“和 2017 年福建省“三八红旗手”，这让她对女性议题有了新的认知。“我原先并没有明确的意识为女性多做一些事情，正因为‘三八红旗手’的称号，我意识到，身为女性，特别是一个从事对台研究的学者，其实可以为女性做更多的事情。”在张羽参与筹备召开的一个两岸文化发展论坛上，专门辟了一个两岸女性的分论坛。邀请了两岸的实务部门、学术界共同研讨，“我想要为两岸的女性做一些工作”。她积极参加厦大主办的世界人文大会中的“女教授高峰论坛”，也开始思考如何为两岸的女性做更多的探索和努力。

过去五年间，张羽主持教育部哲学社会科学研究重大课题攻关项目“海峡两岸历史文化教育中相互认知、表述、态度及影响研究”和国家社科项目“殖民地台湾与‘满洲’文化圈考论”。张羽笑着说：“课题一做深似海。”她和研究团队，还有博士生共同协作，不断攻坚克难，终于在五年后顺利完成，国家社科基金项目最终鉴定评级优秀。谈及这段经历，她说：“在学术道路上，我觉得很幸运，因为一直有很多的前辈老师提携，有同辈朋友可以共同进步，有年轻朋友可以激发新视角。”

服务闽台　传承两岸文化

张羽也特别注意两岸文化资源历史与现状，她根据日据五十余年间台湾出版的报刊文献，发现鼓浪屿地景书写与历史叙事具有相当重要的意义，一方面，它们生动还原了日本殖民台湾时期，闽台两地文化紧密互动；另一方面，作为近代列强的租界，鼓浪屿的历史堪称中国近代史的缩影，亦呈现了日本对目的地文化界进行文化殖民“渗透”工作的精细程度。

2013—2017 年，张羽教授主持“台胞看大陆：台胞口述大陆经验”项目，带领学生深度访谈近 20 位台胞。2018 年 6 月起，台湾研究院领导班子决定启动“台湾研究 40 年口述历史项目”与“见证两岸关系口述历史项目”。张羽作为项目主要负责人之一，和台湾研究院师生合力，陆续对海峡两岸 20 余名专家学者、两岸关系发展

张羽

亲历者等进行了口述历史访谈，面向致力于台湾研究的学术专家，以及热心两岸学术交流、对台湾研究有重要推动作用的台湾专家学者进行口述访谈，记录台湾研究 40 年发展的心路历程，保存了见证两岸发展和研究的珍贵史料，积累了大量的口述访谈的实践经验，发挥了研究生培养环节全程育人的重要作用。培养研究生思考问题的能力，启发学生在访谈过程中，能从台湾文化人个体生命变迁看到大时代“过去”、“现在”和“未来”，了解访者与受访者之间的代际差异，从口述访谈中培养出对台湾文学的历史体认。

谈及未来的期许，张羽真诚地说：“因为我现在分管学院的文献图书信息工作，我期待我们院能有宽敞明亮、舒适安全的图书室。我们很自豪，我们是大陆拥有台版报刊书籍最多的图书分馆，但现在的空间实在有限，基本没有空间可挖，一楼书库看书的师生都是坐在防火通道上，我们实在太需要安全明亮、有空间的图书室了。”听到张羽的小小愿望，她白衬衫上的小碎花仿佛真的绽放开来。

（撰稿人 \ 新闻传播学院 2019 级传播学硕士　白文睿）

为师肯用心，为学敢先行

——记厦门大学社会与人类学院副院长徐延辉教授

徐延辉

厦门大学社会与人类学院副院长、教授、博士生导师，厦门大学社会学学科带头人之一、福建省重点学科社会保障学科带头人，教育部新世纪优秀人才，中国社会学会社会政策专业委员会理事，中国社会工作学会移民社会工作专业委员会副主任，国家社科基金重大项目首席专家。2004—2019 年，主持国家社科基金一般项目、重点项目、重大项目共 5 项，福建省社科规划和福建省软科学项目各 2 项，深圳市、厦门市等地方政府项目 4 项；在《中国社会科学》《社会学研究》《政治学研究》等杂志发表多篇文章，出版 3 部专著，获福建省社科优秀成果二等奖 1 项、三等奖 2 项。2015 年获厦门大学“中国银行”奖教金；2018 年获厦门大学“三八红旗手”称号。

春风化雨，争当学生爱戴之师

徐延辉为经济学博士，社会学博士后，2002 年破格晋升为教授。自 2005 年至今，每年为本科生开设“经济社会学”和“社会行政与社会政策”两门必修课，同时为研究生开设“经济社会学”与“社会政策”两门课程，教学工作量远远超过学校规定数量。徐延辉热爱教学工作，讲起课来全神贯注、神采飞扬。在执教生涯中，有一件事情使她印象深刻。2012 年，社会学系本科生郭亚楠在台湾交流期间寄来一张明信片，信中特别提到："真是怀念您那声情并茂，永远充满着激情的课堂……"徐延辉常说的一句话是："我又不会干别的，不当老师干什么呢？"所以学生喜欢，自己也开心。

除了授课，徐延辉特别重视通过课题研究锻炼学生，在学业竞赛方面给予学生全方位的鼓励和支持。她积极参与大学生"挑战杯"和暑期社会实践活动项目，多次作为评委参加校团委组织的评审工作，为学生的课题开展出谋划策。同时也亲自指导学生做科研，甚至在学生经费不足的情况下自己掏钱予以支持。比如由徐延辉指导的"厦门市社会质量调查研究"（本科生项目）、"社会比较视角下的个人捐赠行为研究"（研究生项目）和"农村社区意识的变迁与重构"（研究生项目）均取得突出成效，尤其两个研究生项目，培养了公共事务学院政治学、公共管理和社会学专业等多位研究生，这些学生或者因为课题研究经历而获得了理想的工作，或者为

徐延辉

继续读博提供了研究经验；或者通过资料收集和文献整理而提升了毕业论文质量。通过这些课题研究，不仅培养了学生的文献阅读能力、抽象思维能力、实地调研能力、团队合作能力，而且无一例外显著地提升了参与学生的写作能力。

孜孜不倦，挑起学科带头重任

作为一名研究型大学的教师，徐延辉始终认为教学与科研是教师的双翼，只有做好科研才能实现教学科研双翼齐飞。自 2004 年以来，徐延辉共主持并完成 4 项国家社科基金项目，其中一项为重点项目；主持多项福建省社科规划项目和科技厅软科学项目、深圳市软科学项目和社科规划项目；在《中国社会科学》《社会学研究》《政治学研究》《经济学家》《国外社会科学》《南京社会科学》等重要刊物上发表论文 80 多篇，多篇论文被人大复印资料《社会学文摘》《社会保障制度》《妇女研究》《社会工作》《中国社会科学文摘》等杂志和中国社会科学网、中国社会学网、中央编译局等网站转载。

在学科建设方面，徐延辉积极参与社会学和社会保障学科建设，为厦门大学学科建设做出较大贡献。在 2005 年学科建设工作中，作为社会保障博士点第一带头人、公共管理一级学科博士点社会保障方向带头人和社会学博士点社会政策方向带头人，她积极参与学位点论证和规划工作，帮助以上学科实现预期目标；在 2008 年社会学学科评估工作中，作为社会学系主任和学科主要带头人全程参与，帮助本学科取得历史上最好的排名成绩（全国排名第八）。2019 年，徐教授从公共事务学院副院长转任社会与人类学院副院长，分管本科生和研究生工作，继续为厦门大学的学科建设贡献力量。

热爱生活，力争工作生活两不误

人才培养乃是教师工作重中之重。自任教以来，徐延辉潜心教学工作，从未休过任何学术假，即使在父母年老体弱经常住院需要作为独生女的她尽心照顾之际，徐延辉也没有耽误任何工作。在徐延辉看来，要想讲好一门课，必须经过多年的探索和积累。不论新人还是老教师，课前的准备都很重要，知识储备不足或准备不充分都无法完成高质量授课。因此她总是担心自己的课讲得不好，甚至经常梦见自己出了教学事故。但是，实际上她的课在学生当中口碑极佳，尤其主讲的“经济社会学”，因为自身经济学和社会学交叉学科出身背景而得以把课程讲得精彩纷呈。这门课程被学生称为经典课程，每当学生毕业返校，都会有人感慨这门课程的精彩和从中的受益颇多。

除了日常的教学科研和行政工作，徐延辉的业余生活也丰富多彩。她是公共事务学院排球队的主力，具有较强的号召力。徐延辉的一位同事表示，徐老师是个非常有韧劲的“女汉子”，她做事总是认真严谨、尽己所能；同时，徐老师说话还“自带喜感”，一方面源于她爽朗讨喜的个性，另一方面来自她亲和友善、略带北方口音的普通话。徐延辉最喜欢的休闲方式是打排球和看电影，她奉行的原则是：工作时心无旁骛、娱乐时专心致志。

身为师者和学者，徐延辉在教学中用心地准备好每一节课，耐心地给予学生们学习和科创方面的指导；在科研事业中始终清楚自己的责任和使命，积极进取、奋发有为，马不停蹄地奔走在学术道路上，努力为厦门大学的学科建设贡献自己的力量；在生活中坚持通过各类报纸期刊、新闻报道更新自己的知识，同时还保有年轻化的习惯和趣味。徐延辉用实际行动诠释了师者、学者之担当与情怀，未来她还将继续前行，继续谱写新的“巾帼好故事”。

（撰稿人 \ 公共事务学院 2017 级本科生　施乐）

科研无止境，热爱不停息

——记福建青年五四奖章标兵、厦门大学数学科学学院王清教授

王清

1982年出生，厦门大学数学科学学院教授，博士生导师，国家自然科学基金优秀青年科学基金获得者，福建青年五四奖章标兵，福建省自然科学基金杰出青年科学基金奖获得者。先后主持国家自然科学基金项目4项，作为主要成员参加国家自然科学基金重点项目1项。先后在*Communications in Mathematical Physics*等国际重要学术刊物上发表SCI论文25篇。*Math Review*评论员，*Journal of Algebra*、*Frontier of Mathematics in China*、《数学年刊》等数学杂志审稿人。

一桌、一椅、一电脑、一书柜、一黑板，这是数学科学学院王清教授的办公室里的全部物件。洁白的墙壁上甚至没有一张照片、一幅图画，唯有黑板上密密麻麻的数学演算推导过程。第一次与王清教授见面时，她刚刚结束与科研伙伴的学术探讨，正对着一黑板的记录做着整理。在她看来，数学就是简单而又单纯的，一纸、一笔便可以让她全情投入其中。“我不过是一位普通老师，不需要什么头衔，就是好好做研究。”作为一位80后教授，她只希望自己在科研路上不断前行。

“热爱是我做数学研究的最大动力”

对于不少人来说，数学可能是其学习生涯中永远都难以迈过的坎，但对于王清而言，学习数学却是她二十多年来始终坚持的方向。“我喜欢数学，是喜欢在突破难题后带来的成就感与满足感。随着时间的积累，我越发觉得自己能吃得其中的苦，能在苦中获得快乐。”

从 2008 年博士毕业留校工作开始，短短 8 年，王清就依靠自己的努力在科研上闯出了一片天地。但此后她对数学研究的热情只增不减，并开始向更深层次、更加困难的问题发起挑战。多年以来，王清一直坚持着每天在家中书房静心阅读的习惯。她说，尽管现在不能像学生时期一样，可以将所有的时间花在学习上，但她仍然愿意学习，乐于学习，享受学习。“科研与学习一样，是没有尽头的。有些问题我研究了十年，还是没有解决，但我不会放弃。”当提起做研究的艰难苦楚之时，她只觉得，回头再看，都算不上什么。

在王清看来，自己并非天赋异禀的人，但她愿意付出一切，努力钻研。也正因为她投入了极大的热情，才会有今日的成就。不过，为了自己所热爱的数学研究，王清也割舍了很多。2014 年，王清作为学院的优秀青年骨干教师获得了到加利福尼亚大学圣克鲁兹分校访问的机会。本应是千载难逢的机会，可对于孩子刚刚两岁的她而言，去留却变得难以抉择。在家人的支持下，她还是决心踏上访问之路，而这一去就是整整一年。在这一年中，王清向许多前沿的专家虚心讨教，与很多业界学者探讨交流。也正是这一年，为她之后科研成果的产出，奠定了坚实的基础。2016 年，王清获得了国家自然科学基金优秀青年科学基金，这不只是她一个人的突破，更是填补了厦大数院在优秀青年基金上的空白。回想起那段生活，王清非常感谢自己的家人，正是因为他们的支持与对孩子的照顾，才让她可以不顾一切，投入自己所热爱的工作、科研之中。

“我现在做的每一项研究都是在‘钻牛角尖’”

王清对待学术科研可谓一丝不苟。作为王清带的第一位研究生，郭红艳对当年王清教授的严谨印象深刻。“王老师指导我写学术论文的时候，对每一个单词，每一个表达，甚至标点符号都会给出建议。不论我多晚与她联系，她都会很耐心地指导我修改。”王清这种严谨的治学态度不仅仅体现在科研之中，也体现在教学中。无论多简单的定理证明，她都坚持完整、严格地书写，为的就是让学生们养成良好的学术习惯。王泰格回忆道：“一次考试时，我用了很复杂的方式证明了一个结论，过程十分冗长，但王老师依然一字一句地仔细地检查核对后才给出评分。”这种对待数学、对待科研的态度也为学生树立了榜样。在王清看来，数学绝不能马虎，否则难以保证结论的准确性。而正是这种对待科研的使命感驱使着她全身心地投入。

王清

“许多老师常常会告诉学生，不要钻牛角尖，在我看来，这是不正确的。”王清对于“钻牛角尖”有着独到的见解：牛角尖如果钻错了，就应该帮助学生找到错误的根源；牛角尖钻对了，就应该去寻找解决的办法。王清认为，科研的突破往往都是在这些大家容易忽略的地方，想要在这些细节有所突破也许非常困难，但一旦突破了将会有很大的意义。这也是她对科研所执着的地方。

“数学不能一个人闷头搞，需要的是交流合作”

“只要老师提出了问题，王清就会马上思考并与我们探讨，只有问题解决了，她才会心满意足地离开。”这是王清硕士时期的同学、现在的同事陈健敏老师对她当年的印象。从学生到教授，喜欢与他人探讨的习惯她从未改变。她常常为了与国外的学者及合作伙伴讨论科研进展而日夜颠倒；她也穿行在学院各个老师的办公室中与他们交流切磋，只为获得更多前沿的学术资料。

在教学时，王清也不断鼓励学生与自己进行交流。“学生乐于提问才能说明他们有在思考，我也才能更清楚自己的教学效果。有时他们提出的问题我也没有想过，在给他们解答的同时，自己也在不断学习与进步。”为了让学生更愿意找自己交流，她也常常主动关心学生的学习生活情况。在她看来，教学就是让更多的学生找到学习的方法与乐趣，“只要学生愿意学习，我‘推’他们一把，他们就能学得更好”。对她而言，她与学生之间不只是师生，更是朋友。学生毕业多年后，她依然会时常与他们联系。

王清说旅游是她的一个爱好，每次在外出工作之余都会抽空欣赏当地的自然景观和风土人情。她热爱自然，就像热爱数学一样，爱它的简单，质朴。尽管即将奔四，但在她对数学、对科研仍然抱有无限热情。作为母亲，她希望自己能多陪伴自己的孩子，一起成长。而作为一名科研人，她希望自己能攻克更多难题，做出更多有意义的成果，在科研的道路上继续奔跑。

（撰稿人 \ 数学科学学院 2018 级本科生　陈宇龙）

从讲台走向学生的追梦人

——记厦门大学数学科学学院数学与应用数学系副主任杜妮副教授

杜妮

中共党员，厦门大学数学科学学院副教授，数学与应用数学系副主任。曾荣获厦门大学 2018 年度“我最喜爱的十位老师”；厦门大学首届青年教师教学技能大赛一等奖（2005 年）；厦门大学第十二届青年教师教学技能大赛“翻转课堂”一等奖（2017 年）；全国高校数学微课程教学设计竞赛华东赛区特等奖、全国二等奖（2015 年）；第五届全国高校数学微课程教学设计竞赛精英赛金奖（2019 年）等多个奖项。2003 年在厦门大学获博士学位留校工作至今，近十年每年给本科生授课超过 180 课时，培养硕士研究生多名。参与国家级精品课程网站及网络示范课建设。

“上节课的内容你们听懂了吗？如果有问题要及时告诉我哦！”

“我讲得不快吧？要是同学们跟不上的话，下节课我讲慢点。”

这是数学科学学院副教授杜妮的课堂。与一般“高冷”的大学数学教授不同，在杜妮的高等代数课上，每堂课课间，她都会主动走下讲台与同学们交流，微微弯着腰、询问着大家的想法。

“上过杜老师课的同学都知道，杜老师很喜欢课间休息的时候和同学们聊一聊。哪怕只有几分钟，都可以看出她真的很关心学生，对自己的教学精益求精。”在厦门大学 2017 级统计系本科生孟柯凡看来，这位老师丝毫没有“架子”，认真、亲切，有情怀与大爱。

作为厦门大学 2018 年“最喜爱的十位老师”之一，众多学生对杜妮感受最深的，是她在三尺讲台上从教 16 年的执着与努力，为人师表的情怀与担当，以爱立德的热情与温暖，以及她对生活始终保持着的活力。

“要做到心中有书、心中有术、心中有数”

“虽然课本中的内容早就烂熟于心了，但我仍然坚持认真备好每一堂课，本科的教学任务是我每天要做好的第一件事情。”从走上讲台的第一天起，杜妮就以严格的标准要求自己。每次讲课之前，她都会反复推敲修改教案，以便学生能将晦涩难懂的数学知识更“舒服”地消化下去。“教师对课本要有自己的理解，不能照本宣科。课堂，更重要的是要引导学生融会贯通，充分感受这门学科的美妙。”她强调道。

“作为教师，要给学生一杯水，自己就必须有一桶水，而且是源头活水。这样才能做三尺讲台止于至善的追梦人。”杜妮一直注重不断提升自己，努力让自己成为学生的“源头活水”。刚参加工作就拿到了厦门大学首届青年教师教学技能大赛一等奖的她，后来又参加了学校第十二届青年教师教学技能大赛“翻转课堂”比赛并获得一等奖，最近又在第五届全国高校数学微课程教学设计竞赛中斩获精英赛金奖。她直言：“每次比赛都有压力，但还是会积极参与并竭力做好。”她经常向同事们请教，从学生们中间收集应用案例，泡在图书馆里翻遍相关的书，只为优化自己的教学，让自己的课堂更加生动。当然，她也“有所坚持”，比如从教以来一直坚持板书，运用传统的教学手段展现数学的特色与魅力。

课堂上写板书的时候，杜妮的身体总是侧对着台下，随时关注同学们的神态变化，以便变换课程节奏。面对不同专业背景的学生，她也有多样的授课方式。她说：“针对数学专业的同学，我会主要讲解数学原理让同学们感受到数学推理的妙处；而针对外院的非专业同学，我在课堂中融入许多数学故事，让同学们在训练数学思维的同时，了解数学文化。”因此她常常可以把知识讲得生动明白，引人入胜。

在学校首批教学示范岗上，杜妮坚持认真上好每一堂课。正是在教学内容和方法上反复打磨，杜妮真正做到了“心中有书、心中有术、心中有数”。

“当好学生成人成才之路的引路人”

“我从来不会看轻任何一个学生，因为看着每个学生不断进步就是我最大的欣慰；我从来不以学生的成绩作为评判的唯一标准，我总是教导学生要诚信做人，锻造坚毅的好品质。”教学以外，杜妮更像学生的“大姐姐”。

她在办公室备好小零食，与学生亲切交谈。对于学生的各种问题，她都会认真倾听，并给出适当的建议。“教育的美妙境界是有心而无痕”，她还默默关注学生动态，有人为学习或感情困扰，她会第一时间安抚开导，帮助他们渡过难关。

“老师愿意并善于参与学生的成长，一路守护和帮助我们，让我们很感动。”提起杜老师，数学科学学院 2016 级本科生黄欣就会有一种莫名的亲切与感激。两年前杜老师带她们一行人赴长汀暑期社会实践，不巧赶上了大暴雨。暴雨中老师提着湿透的裙摆帮她们打车砍价，陪她们聊天解闷。她还记得回途中高铁晚点四个多小时，老师将学生们安全送回宿舍，将近深夜两点才回家。“其实在这之前，任课老师很少担任社会实践指导教师，但是杜老师很爽快地就答应了。”杜妮总是这样用心打动着每一个和她相处的人。

不仅如此，杜妮还珍藏着和学生的每一次合影，每一份留言。她托起相册，一脸幸福地谈道：“在与学生接触时，我觉得自己更加有活力。他们带给我前进的动力，我也愿意在学习和生活中竭尽所能去帮助他们，做他们成人成才的引路人。”她希望学生们在感受数学之美的同时，也能用心享受生活之美，通过数学专业的学习学会“优化自己的一生”。

“坚守是一份责任，更是满腔情怀”

“一切都源于坚持，”杜妮认真地说，“我就是喜欢、热爱这个职业！”在她看来，教师不仅是一份职业，更是孜孜以求的事业。

杜妮

她经常告诉学生“做人要有奉献精神”，她也用实际行动诠释了好老师的真谛。科研任务繁重，她又是一个注重课堂的人，留给她的休息时间少而琐碎，但她总能挤出时间和精力来提高同学们的学习成绩。和大家探讨问题，答疑解惑；为不同的班级建立交流群，了解学生的学习进度；从作业中发现问题，并及时纠正……这些事情她默默坚持了十几年，同学们都看在眼里，暖在心里。

近十余年来，依托互联网平台，杜妮及其教学团队将优质教学资源共享，让无数校外学子受益。她主讲的“高等代数”是国家级精品课程、第一批国家级精品资源共享课，上线中国大学 MOOC，累计选课人数超过 8 万人。“杜老师的板书太漂亮了”，“杜妮老师甜甜的微笑，一定能给老师带来满满的运气”……在 MOOC 的评价区，大家都以各种方式表达对杜老师的喜爱，很多人都在 MOOC 上找到了温暖和收获。

她还一直坚持通过邮件等方式为学生在线答疑解惑，帮助他们做人生规划。

“他们一部分是数学专业学生，因为看过我的视频而更加热爱这门学科；但也有很多其他专业的同学，在课程中了解数学之美，最终将数学定为自己的发展方向。”令她非常感动的是，有几位相隔千里的同学专程来到厦门，只为当面说一声感谢。

杜妮在厦门大学2018年“我最喜爱的十位老师”的获奖感言结尾总结道：“教书育人，使命神圣。我要不忘初心，做一名有情怀的好老师。”从教16载，她投入全情、注入芳华，用爱心点燃学生求知火种。醉心于热爱的教育事业，快乐并幸福着，她是阳光下奋斗不息、勇于追梦的厦大人，更是学子眼中当之无愧、引以为荣的巾帼榜样。

下次再见她的时候，她已经提着小音箱去上课了。课堂上又响起了她温暖动听的声音……

（撰稿人\数学科学学院2018级本科生　易梦洁）

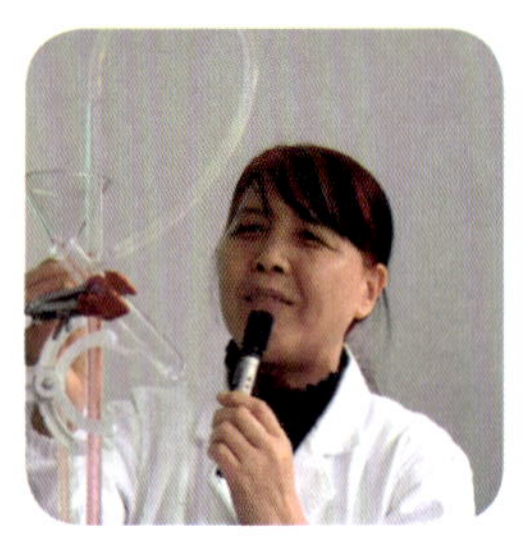

扎根实验教学一线，驻守教师责任

——记厦门大学化学国家级实验教学示范中心主任任艳平教授

任艳平 厦门大学化学化工学院教授，福建省三八红旗集体负责人、化学国家级实验教学示范中心主任。曾获厦门大学“本科生科创竞赛”优秀指导教师称号、本科教学示范岗、省级教学成果二等奖、校级教学成果一等奖、省级科技进步二等奖，并多次获得厦门大学奖教金。

厦门大学化学国家级实验教学示范中心的建设与管理水平位居全国高校前列。肩挑实验室大梁的，却是一群女科研工作者。而她们的领头人，正是任艳平。多年来，她不仅带领大家做着有特色、高水平的实验室细化建设与管理工作，更坚守在实验教学前线，传道授业，尽己所能。

大实验室里的小情怀

下午三点，化院的实验室窗明几净，正对门的角落里，实验凳高高摞起，凳腿统一朝着一个方向旋过去。“板凳也要像艺术品一样，”任艳平说，“在漳州校区的时候，我们的学生就将实验室的凳子叠放得这么美。”

厦门大学化学实验教学中心成立于2000年，2006年被教育部批准为首批“国家级实验教学示范中心”，经过 13 年的建设与发展，在“硬件”和“软件”建设等方面取得了显著成绩。在任艳平眼中，合格的实验室，既要有“颜值”，也要有“内涵”。实验室通风橱下方的一排抽屉放置公用实验用品，每个抽屉里都收拾得整整齐齐；仪器室里的每台精密仪器都穿着一件“小衣服”，防尘又美观；拖把等清洁工具也都收在独具匠心设计和量身定制的柜子里……跨思明、翔安两个校区，总使用面积达 7000 平方米的大实验中心，却没有一处细节有碍观瞻。

实验室里的小情怀，不仅美，而且暖。每个实验台的水槽旁都配有洗眼器，实验室的老师们定期用牙刷清洗，去除锈污，以免对学生造成二次伤害；每间实验室都配有医药箱，各种应急药品应有尽有；中心还备有干净的实验服和护目镜，以免忘带的同学急着回宿舍取而大汗淋漓影响实验……实验室的每个角落尽显对学生的关怀。

任艳平将实验室的建设成就归功于化院的良好传承。在此基础上，她带领她的团队从 2014 年开始了实验室的细化建设与管理，包括安全、物品及公用仪器、精密仪器、试剂的科学化细化管理和真诚服务于学生的人性化细化管理。任艳平将化学实验中心多年的实验室建设经验归纳为一套“中心标准”：公用物品及公用仪器摆放的“三定”（定物、定位、定量）原则；对精密仪器实行“五防”（防震、防潮、防扰、防尘、防腐）、化学试剂实行“三定”（定位、定容、定量）和“标识三明”（名称明确、浓度明确、性质明确）及实验室卫生和仪器实行“三位一体”（学生、教师、教辅三位，仪器一体）管理。“全国高校实验室普遍存在‘重建设，轻管理’的现象。我希望能从厦大做起，让建设和管理协同发展，从而对其他高校形成引领和示范作用。”她说。近两年来，“化学国家级实验教学示范中心”已经吸引了全国 40 多所高校近 400 人次来参观交流学习。

做好实验室的细化建设与管理，归根结底还是为了学生。任艳平认为：“实验室里的一切都直面学生，做好实验室管理工作，能够为学生做好榜样，让学生看到、感受到什么是真正的‘好’。”通过建设“有颜又有料”的实验室，任艳平和她的团队在潜移默化中引领学生。

三尺讲台上的三十春秋

“近期学校在招双学位，我喜欢经济学，但又下定决心要考化学研究生……好迷茫啊，老师您说我该不该修双学位呢？”这是一位名叫夏志强的同学发送给任艳平的邮件。在她的邮箱里，塞满了学生各种邮件，他们有的请教实验问题，有的求教生活迷津。在学生们看来，她就像一盏指引灯，永远亮在学生迷雾茫茫的渡口。

“成为一名大学教师，是我从大学开始就梦寐以求的事。”自 1989 年硕士毕业，任艳平先后在太原理工大学和厦门大学任职，三十年来，三尺讲台，春风化雨。她常年担任“无机及分析化学实验”及“化学拔尖计划”班“基础化学实验（一）强化实验”的指导教师，执教过程中，她推出了一种新的教学模式——“先做后教，以做定教”的互动式实验教学模式，即学生先做实验，具有亲身经历和切身体会后，以问题为导向，通过师生共同讨论和演示，以及老师“画龙点睛”式总结，让学生对整个实验原理、条件和过程等进行再思考和感悟。这样的实验教学“翻转课堂”模式从多个角度激发了学生的实验兴趣，全方位地培养学生“会想、会做、会表达”的能力。“言传身教”贯穿了任艳平的整个教学过程，对待学生，她既重视用言语去指引他们，又身体力行，“特别是对低年级的学生，要手把手地做示范”。因此，每次六小时的实验课中，她始终都在与学生交流讨论，为他们答疑解惑。“任老师的‘强化实验’课程改变了我的学习观，将理论和实验串了起来，让我认识到，要想成为科学家，‘想’比‘做’更重要。”她的学生石崛立回忆道。

除了课堂教学，任艳平已连续 14 年指导 21 名学生参加全国大学生化学实验竞赛，她指导的所有学生均有获奖，其中 10 人获得一等奖。每次比赛，她几乎全程陪同学生。2014 年的第十届竞赛培训期间，任艳平患上了重感冒，却带病上场。提起那段时光，任艳平印象深刻：“那时候嗓子哑，说不出话，真的急死人。”她的学生张一平说道：“任老师让我知道，如果要成为一名老师，怎么做才算是认真负责。”

指导年轻老师，也是她工作的重要部分。化院素有“传帮带”的优良传统，任艳平认为这当中最重要的是要激发年轻老师的主观能动性。她认真设计和实践每一堂课，也吸引了很多老师主动前去观摩，有的老师甚至主动请求担任她的助教。“任老师常常手把手地教我们修改论文，毫无保留地把自己的经验传授给其他老师。”她多年的搭档翁玉华说道，“她平易近人，但是对自己和学生的要求又很严格。”

倥偬事务间的永葆热情

中等身材的任艳平，走路如疾风，说话利落，行事干练——这是被繁杂事务长期磨砺出来的气质。几乎没有节假日，从早到晚泡在办公室里，这是她工作的常态。“大年初一都有可能在办公室里见到她。”翁玉华说道。她常常深夜一点回到家，清晨六点多起床，中午最多也只是靠在办公室的椅子上休息片刻。教学和实验室的管理工作占据了她大量的时间，对此，任艳平说：“‘力气跑了就来了’，这是奶奶教给我的道理。”

任艳平

她的先生同在厦门大学任教，忙碌的夫妻俩扑在各自的工作上，住在西村的他们都各自吃食堂。“孩子从小就比较独立，现在长大了，就更不需要我们操心了。”于是任艳平将大部分精力放在工作上。

实验室不仅面向校内学生，而且 365 日向中小学生开放。这无疑给实验中心增添了更多的事务。但任艳平从不以此为负担，在她看来，国家级实验教学示范中心本来就有为社会服务的职能。广州大学的学生曾经来实验室参观，带领学生参观过程中，因为无意中听到学生的一句话——“如果能在这样的实验室里做实验该是多么幸福的一件事”——为此，她专门给学生们安排了一次实验体验课。

近两年来，任艳平经常需要出差作报告，介绍她如何将实验教学过程做细、做实以及实验室细化建设与管理的经验。任艳平对完美的执着劲儿又来了——因为不知道对方学校电脑屏幕比例，她每次都准备两个版本的 PPT，“如果比例不对，演示页面就不好看了”。每张 PPT 排版也经过多次调整，其中还插入二维码，对无法放到 PPT 上的信息加以介绍。每一场报告，她都尽全力去做。出差路上的所见所闻，常使她得到一些新想法：“有一次在飞机上无意间看到电视屏幕上的‘闽’字，引发了我对实验教学内涵的思考——‘门’里面的‘虫’，这不就是专‘蛀’内涵嘛！”

尽管忙碌，她却十分享受工作的过程。“有人说退休后要去旅游，我却连厦门都没逛完，也从来没想过这些，只是想把当下做好。”任艳平想了想，道：“退休之后，可能还会不太适应呢！”“永远活力四射，充满热情”，这是她的学生刘小翔对她的评价，他说，“任老师教会我们对生活的态度——一个人可以不专业，但却不能不认真生活！”

（撰稿人 \ 国际关系学院 2016 级本科生　丁莉）

如宝石般闪耀的老师

——记厦门大学材料学院黄雅熙副教授

黄雅熙　厦门大学材料学院副教授，硕士生导师，材料学院妇委会主任。主要研究方向为锗磷酸盐、磷酸盐及硼磷酸盐的合成、结构与性能表征，生物矿化及硼磷酸盐 / 环氧树脂阻燃材料等。主持福建省自然科学基金项目和教育部留学回国基金，主要参与国家“973 计划项”目及国家自然科学基金等多项科研项目，已在 SCI 收录的具有较高学术影响力的期刊上发表 50 多篇学术论文。

初次见黄雅熙老师是在她的办公室，办公室里靠墙立着一个书柜，柜里摆满了专业相关的图书。但打开柜门才会发现挡板后面别有洞天，各种各样的漂亮宝石被摆在了这里。“这个是玛瑙，那个是锆石……这些都是我上校选课要用的样品。”黄老师向我展示了她从四处淘来的宝石，滔滔不绝地一一介绍。她边摩挲着手中四处淘来的宝石，边神秘地说道：“宝石的三大要素是什么你知道吗？美丽、耐久以及稀少。”其实这三个词形容黄老师也再合适不过。

关爱使人美丽

“因为我从学院官网上看到黄老师的照片，她的笑容十分亲切。”被问及为何选择黄雅熙作为研究生导师时，杨金川同学这样回答，“真正相处之后发现黄老师是一个如朋友如妈妈般的人。”她每学期都会组织课题组内的活动，比如跟学生一起爬山、逛公园、参观纪念馆，把学生邀请到自己家里一块儿包饺子，跟学生如同朋友一般相处。她体贴入微，学生能从她身上感受到母亲般的关爱。有一次出去开会，十点多的动车，学生们出门较晚什么都没准备，到车上发现黄雅熙早已为每个人备好了食物，这让学生们深受感动。即将毕业的学生面临人生的选择，黄老师会从性格、社会状况、家庭等角度一个个分析各种选择的情况，鼓励学生遵从内心。在黄雅熙看来，学生在外求学不容易，她希望尽自己所能帮助他们，让他们在异乡也能感受到家的温暖。

身为院妇委会的成员，黄雅熙也关心本院教职员工的困难和需求，积极寻求解决办法，为大家排忧解难，努力提升大家的幸福感。有一次同事的儿子因为在学校跟同学相处产生一些小矛盾，学校要求各自的家长出面。同事当时独自一人带小孩，遇到这种事情没有经验，焦急不堪的她就向黄雅熙求助。黄雅熙听后二话没说就跟同事一起去学校了解产生矛盾的缘由，积极地和学校与对方家长协调沟通，最终顺利地解决了这件事。

将兴趣转化为激情，历久弥新

黄雅熙认为主动学习的根源便是兴趣，因此她特别注重对兴趣的培养。黄雅熙会经常去一些中、小学校做公益讲座，她希望所有的孩子从小开始就能找到自己兴趣所在。兴趣伴随的是热爱与激情，久而久之就能够对一件事情拥有一定的知识量，这样长大以后就可能取得更高的成就。

黄雅熙的兴趣之一是研究宝石，她开设的“宝石鉴赏及宝石鉴定实验”课程的受欢迎程度在校选修课中名列前茅。侯振清老师对此这样评价：“她给本科生上的课非常受欢迎，出乎我的意料。”黄雅熙与这门课的渊源来自于她在德国的求学经历。当时她的导师对宝石的热爱导致她对此也产生了浓厚的兴趣。黄雅熙将兴趣与自身专业相结合，同时注重理论与操作相结合，因此这门课可能是校选课中少有的会让文科生也进实验室的课程。她将自己学习的大量关于宝石的知识，融入每一堂课中。

宝石的历史、性质、营销、美学欣赏、设计……各个专业的同学都能在课堂上找到自己的位置，学习到与自己有关专业内容的同时，也能拓宽视野，培养兴趣增长点。

黄雅熙不仅课教得好，注重科研之余，也是院妇委会主任以及工会副主席，当被问及是如何兼顾多件事情并且都能做好这一点时，黄雅熙不好意思地回答道："本科的时候我在学院学生会任职，同时参加了篮球队，并修了第二专业，因为我对它们感兴趣，就可以把兴趣转化为激情与效率。"

不可多得的责任感

尽职、尽责、尽心与尽力是黄雅熙多年以来作为老师言行准则。黄雅熙负责教授材料学院大二本科生"物理化学 B"。该门功课是学生们的必修课程，也是一门理论性较强、学习难度较大的课程。她每次上课都会重新备课，更新知识。她认为老师和学校的职责不是教知识，而是教如何学知识，"授人以鱼不如授人以渔"。她深入浅出地讲解，结合例题思路加深对课堂知识的了解，下课后耐心地回答学生们的问题，一步步培养学生的学习能力。不少学生都受益匪浅："学长学姐评价黄老

黄雅熙

师讲课具有科学性及逻辑性，我们现在也深刻地体会到了这一点。”黄雅熙还会翻转课堂，在复习的时候让学生上台讲解例题或者根据复习提纲回忆课堂重点内容。

本着对学生负责的态度，黄雅熙在招收研究生之前都会跟学生面对面进行交流，加深互相的了解。她认为只有老师跟学生之间的性格相契合，才会减少以后相处产生的摩擦，这样学生才能积极地进行科研与生活。黄雅熙的研究生杨冬同学表示，她当时选择黄雅熙作为导师的一个重要原因是黄雅熙特别会引导学生。在科研过程中，学生遇到问题黄雅熙首先会让学生总结做过的配方和方案，再跟学生一起讨论，探究改变哪一条件可能会有利于反应，认真负责地引导学生解决问题。

黄雅熙对工作的尽心尽力获得了学校与学院的肯定，她荣获了 2014—2015 年度厦门大学“工会活动积极分子”以及 2016—2017 年度材料学院“工会活动积极分子”等荣誉。侯振清老师对她认真负责有担当的工作风格赞不绝口。黄雅熙本是学院的工会委员，2014 年的时候身为工会主席的侯老师到新疆挂职，黄雅熙被增为材料学院工会副主席。“我认为工会的工作是一种纯粹的服务，我希望老师能通过这些活动把厦大当作家，感受到集体的温暖。”黄雅熙回忆当年刚接手工作时仍然很感慨，“一开始面对这些以前从未接触的工作我无从下手，我向学校的老师请教咨询，最终才把工作一件件理顺。纵使这期间遇到了很多困难，但我认为这是我力所能及的事情。”

有句歌词是“shine bright like a diamond”，黄雅熙不仅仅像钻石般闪耀。她像祖母绿，仁慈又善良——给予身边的人温暖与细心的关爱，与她相处过的人不论学生还是老师都无一例外地觉得她亲切。她像红宝石，激情又有力量——作为一名教龄较短的老师，其所教授的课程却能获得学生们的喜爱与欢迎，这与她将激情融入课堂，注重课程教法创新，使枯燥的理论知识变得有趣分不开。她像海蓝宝石，无私又勇敢——不论是作为老师，还是作为妇委会或是工会的一员，她总将自己分内的事尽力做到最好。即使教学和工作上，一路困难重重，她也丝毫不退缩。

时隔良久，黄雅熙谈起自己珍藏的宝石的场景仍历历在目，只是当时发出光芒的是那些宝石呢还是她呢……

（撰稿人 \ 化学化工学院 2018 级研究生　黄雅晴）

白鹭栖厦，桃李芬芳

——记厦门大学海洋与地球学院许鹭芬高级工程师

许鹭芬

厦门大学“水声通信与海洋信息技术”教育部重点实验室高级工程师，硕士生导师。1983 年毕业于厦门大学海洋系海洋物理学专业。1983—1995 年任厦门海洋仪器厂技术部设计工程师，与厦门大学海洋系联合进行海洋仪器的研制与开发，以及科研项目的合作研究等。1995 年起，调入厦门大学海洋与地球学院应用海洋物理与工程系工作至今。20 多年来主要从事水声数据传输与探测研究工作。作为主要参加者完成了四项国家“863 计划”、多项国家基金课题的研究；作为课题负责人完成了多项福建省基金课题的研究。2016 年，作为第二作者完成了国际上首部由爱思唯尔出版社出版发行的水声专著 *Digital Underwater Acoustic Communications*。2019 年，荣获厦门大学“厦航奖教金”。

厦大校友黄杭州依稀记得自己考研的那个炎热的九月，闷热的午后，埋头复习的他接到了一通许鹭芬打来的电话，老师的声音有些急促，要他下楼一趟。来到楼下的他发现许老师推着自行车，一边擦着汗一边说：“我给你整理了一些复习资料，你拿去看一看。”阳光下的许老师略微喘着粗气，推车远去的背影让黄杭州在厦门难熬的九月感到了一丝丝凉爽。

“我是挺平凡的一名老师”

作为水声通信与海洋信息技术教育部重点实验室的一员，许鹭芬老师曾参与多项“863 计划”课题项目和国家基金项目等课题研究，但提起自己的工作，许老师总是认为“自己是特别平凡的一个人”，“课题和项目都会有主要负责人，我在里面主要是参与者的角色，做好自己的事情，配合好同事们的工作，是我应该做的事情”。虽然口头上总是云淡风轻，但是在复杂的课题项目中，许鹭芬老师总是可以对所承担的研究内容提出切实可行的设计方案并付诸实施。她经常挂在嘴边的一句话是，“重要的还是做好自己应该做的事情”。但大家都知道，许鹭芬老师口中的“平凡”，背后是无论风雨都为学生开放着的实验室，是全天 24 小时为学生永远不关的手机，是几十年如一日默默的奉献与坚守。

出于海洋科研的需要，实验室经常会定期出海进行科研考察，许鹭芬老师负责海试过程中海上实验设备的配备、实验船只的安排、实验实施和安全保障等一系列烦琐的工作。出海是非常枯燥的，同时也充满挑战，“每次上船之前都会努力吃饱，因为一到海上就会晕船，就一直吐啊吐，怕最后吐到胃里没东西吐胆汁”，“没办法，只能吐完了再接着工作，因为船上的学生也在吐，我首先得保证学生们的安全”，面对海上恶劣环境与生理不适的双重压力，许鹭芬老师很少抱怨，默默地交出了海上实验零事故的优异答卷。

水声研究起步晚，相较于光和电磁波，研究难度也相对较大，作为第二作者，许鹭芬参与了国际首部水声专著的撰写，该书已由爱思唯尔出版社出版，引起广泛影响。“作为一名老师，能在自己这么多年的事业中取得一点科研成果，感觉也无愧于自己的事业了。”提到著作出版，许老师说，“其实没想那么多，毕竟科研是我们的本职工作”。

“作为老师，要对学生负责”

许鹭芬班上的学生郑思远说：“许老师是我上大学以来为数不多的上课还坚持

写板书的老师，上课特别认真。”许鹭芬的认真，给学生们留下了非常深刻的印象。“我教的编程之类的课程逻辑性比较强，用 PPT 的话跳跃性太大，板书容易让学生理解，教学效果也会好一点。”每次上完课，教室的黑板上总会留下满黑板的流程图和密密麻麻的文字，“累是肯定累啊，我用黑板这么多年，每次板书完身上都会很酸……主要是要对自己的学生负责。”然而“固执”的许老师，所教的课程在每学期末的教学质量测评中都名列前茅，至今还有很多学生对许老师心存感激。

除了负责实验室日常的建设、管理与安全工作外，许鹭芬每学年承担了三至四门本科生课程。为了获得最佳的教学效果，许鹭芬将实验室全天候对学生开放，“平时我都会在实验室，只要学生想来，实验室的大门就永远敞开着”，“手机不敢关机，学生有时候会半夜跟你预约第二天的实验室，怕有事情给耽搁”。除了“24小时”的守候，许老师也尽可能安排时间给予学生现场指导，为此付出了大部分的时间和精力，令许老师欣慰的是，“学生积极性和主动性也得到了激发”，取得了很好的教学效果。

当年，计算机还是比较稀缺的物件，为了让经济困难的学生减轻一些负担，许鹭芬主动承担了“电脑组装实验”课程，利用报废电脑实施教学，组装后的计算机可以借给有需要的学生使用。许鹭芬回忆，“以前学习的时候非常艰苦，那时候没有电脑，打字就靠自己一字一字地印，整个工厂只有一台电脑，都还轮不到我们用”，“我吃过没有条件的苦，就想有条件让学生们别那么辛苦”。随着电脑的普及，这门选修课现在已经停了，但这段历史背后所承载的许老师设身处地的爱，将会在学生们的心中一直流淌下去。

“教育是跟学生一起成长进步的过程”

在跟许鹭芬老师的几位学生的聊天中，他们提到的最多的一门课叫“水声遥控系统设计”，这门课是许鹭芬老师本科生实验课教学改革的成果，凝聚着老师诸多的心血。“刚开始每门课程设置得太过孤立和分散，很多学生都是照本宣科地念书，真到了实验课需要实践的时候反而一头雾水，做不出东西。”由于原有的各实验课程教学内容的相对独立并且缺乏系统性，许老师也在不断思索改进教学方法，于是

许鹭芬

在学校相关部门的配合下，许老师开设了设计性和开放性兼容的“水声遥控系统设计”实验项目。该项目由学生自主设计，知识点涵盖海洋物理专业多个主干学科，较大地提高了学生的创新能力和实践能力，并在此基础上发表了《设计性实验教学探索与实践》等教改论文 2 篇，实验室管理论文 1 篇。

许鹭芬老师不断改革创新的精神，用她的话来说其实就是“把平凡的事情做得不平凡”，这种精神的背后，是干一行爱一行、真正地为学生着想的体现。许鹭芬说:“实验课改革意味着学生的自主性提高，也意味着我需要做的也越来越多了。”比如为了提高学生自主性，实验用的芯片均由自主选择，形形色色的芯片最后都需要许老师亲自把关，“每个人用的芯片都不一样，为了保证学生实验成功，需要对每一位同学进行把关指导，一个班级三十多人意味着我需要‘分身’来进行指导”。每一片最终下水的“芯”，都是许老师润物无声的玉壶冰“心”。

学生眼中的“妈妈型”老师

“许老师平时穿着很朴素，感觉很和蔼，很有亲和力，像妈妈那样很温暖”，已经毕业多年的徐佳音同学回忆道。许鹭芬被很多学生亲切地称为“妈妈型”老师，有些已经毕业甚至离校多年的学生碰到问题时还会时常来电咨询许老师，许老师也会耐心倾听并解答他们的问题，“我跟很多同学其实更像朋友，他们也愿意相信我，我也会力所能及地来帮助他们。”离校多年的曹松军回忆起许老师说道：“许老师经常给我们打气，要我们自信面对生活的种种困难，做自己最擅长的事情。”很多年前，家境并不殷实的曹松军曾想放弃读研直接工作，许老师鼓励他：“你想读研的话就尽管去，经济方面我先可以为你承担，不要放弃自己的目标。”在许鹭芬的打气下，曹松军最终考入了理想的院校，有了更好的发展前景。

许鹭芬可以跟学生打成一片，但并不意味着放松对学生的要求。但这份严格更多是出自老师对学生的关爱与期待。对此，很多学生都表示理解，她的一个学生说：“理工科 1 就是 1，0 就是 0，很多逻辑、细节不注意就是不行，程序出不来结果就是错的，这方面必须严格。实验课调电路，遇到问题老师也是一步步讲解分析，这个更多是负责。期末改程序题，验收电路的时候，是根据完成度来给成绩的，我觉得许老师算很仁慈的一位老师。”正是许老师这种严中有爱、张弛有度的行事作风，既保证了学生高质量地完成作业，又同时给予了学生温暖的关怀与慰藉。听说要采访许老师，已经离校多年、分布在祖国天涯海角的学生都表示会立刻腾出时间接受采访。

在结束采访回去的路上，我收到了许鹭芬老师的几条微信，点开发现是思明本部往来翔安校区的校车时间表，才想起刚刚谈话时无意间提到想去翔安看一看。许老师怕我找不到站点，特意在校车经停的时候给我发送了定位，刹那间我仿佛明白，为什么学生会发自内心地喜爱许老师。鹭岛有鹭，桃李芬芳。

（撰稿人 \ 新闻传播学院 2019 级硕士　张建臻）

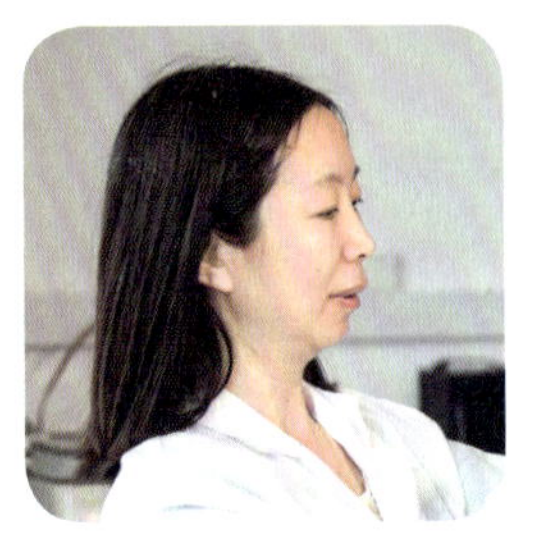

不慌不忙，温柔待人

——记厦门大学环境与生态学院副院长王新红教授

王新红 厦门大学环境与生态学院、海洋与海岸带发展研究院教授、副院长，博士生导师。主要从事环境有机污染物地球化学及海洋生态毒理研究。厦门大学近海海洋环境国家重点实验室、教育部“海洋环境生理与毒理”创新团队骨干成员。主持及参加国家自然科学基金 12 项，“863 计划”项目、公益项目专项等 7 项。在核心期刊发表了 130 余篇文章，其中 SCI 论文 40 余篇，出版专著《海洋环境中 POPs 的污染及其分析监测技术》等。目前，担任中国海洋学会海洋环境科学分会副主任理事、中国环境学会持久性有机污染物专业委员会委员、中国太平洋学会危险品和放射性评估分会理事等。

在厦门大学环境与生态学院，如果问起对王新红副院长的印象，得到的答案多是“忙”。忙着开会，忙着上课，忙着出差，忙着指导学生，忙着处理公事，忙着学术交流，忙着带学生实验实习……“她的学生找她都需要提前预约时间，我和她只隔着三个办公室，也大多通过微信交流，很少能见到她在办公室。即便在办公室见到她，她也总是在和别人谈话。”和王老师共事十多年的李永玉老师这样说。采访王老师的时候，她也提到“最近这段时间我常常周五出差，周日才回来，周一又开始上班”。

尽管肩负科研、管理、上课、指导学生等多项职责，但王新红老师依然讲究生活的品质，光彩照人。在讲台上，她的连衣裙色彩和版型总是搭配得协调自然；在办公室，她凝神思考，认真修改学生论文，手边的水杯上绘着素雅的小花儿；在匆忙赶去会议室的走廊上，她的高跟鞋永远不会“噔噔噔”的响；在实验室，穿上白大褂的王老师依旧显得得体、知性。她总是能把科研、教学、管理、家庭等各个方面平衡起来，让日子变得忙中有序、井井有条。

“最幸运的事情就是把职业当作事业”

作为一个在厦门大学任教 25 年的老厦大人，王新红对厦大的一草一木都很熟悉。提及对厦大的印象，她说：“最大的优势在于中西方文化的交融，从建筑、地理位置到人文环境，尤其是和国际同行的往来非常频繁。其面向海洋、邻近东南亚的特色，坚持‘走出去’，积极响应国家‘一带一路’的政策要求，建设马来西亚分校，都使得厦门大学向更高的平台迈出了坚定的一步。”在这里，她拥有了事业，也组建了家庭。

尽管工作繁忙，但她总能把工作和家庭兼顾得很好，她说：“既要家庭，也要工作，还要生活，这三者都不能落下。”早些年工作比较繁忙，王新红就把孩子带在身边，有时候甚至需要加班到晚上 12 点，孩子早在办公室一旁沉沉入睡。但是王老师一点不觉得辛苦，她微笑着说道：“人家说最幸运的事情，就是把职业作为事业，我觉得自己就很幸运。”她深深热爱着科研这份工作，享受工作带来的乐趣与成就。她曾在香港城市大学、香港科技大学、英国兰卡斯特大学、美国伍兹霍尔海洋研究所进行访问，在核心期刊发表了 130 余篇文章，其中 SCI 论文 40 余篇，还积极参与国际同行的交流会议，力图将环境科学与工程建设成为一流学科和一流专业。

“把事情理顺，用制度管人”

自负责行政工作以来，王新红还需要分管资产后勤、院办、对外交流等学院内的多项工作。虽然这些工作琐碎而繁重，但王老师凭借“两大法宝”制胜，让工作变得忙而不乱、忙中有序。其一在于，先把事情理顺，了解整体工作框架，熟悉工作内容和工作环境，将所有工作条理化，那么正如王老师所言，“不是阻碍你，而是促进你的发展”，让工作的“阻力”变成工作的“助力”，才能进入良性运转和循环阶段。

其二在于，学会用制度管人，通过制度的建设和完善来进行管理工作，先修订制度条例，再征求广大老师和学生们的意见，进一步进行修改和完善，最终出台拥有广泛群众基础的规章条例，共同按制度办事。只有这样，才能真正达到制度建设和人才培养的要求，做好管理工作。

“长远有战略，短期有战术”

在培养学生方面，王新红有着独到的见解和想法。她认为，学生首先需要具备扎实的基本功和很强的动手能力，学好基础知识，积极参与科研工作。此外，还必须具有吃苦耐劳的素质和团队协作的精神，通过出海、科考、采样、分析等在实践中真正锻炼与成长。最后，她讲到“学生要有能动性”，这种能动性在于学生和老师之间的互动与交流，在老师“领进门”之后，学生应该积极和老师对话，交流自身看法，共同探讨和解决问题。

在她看来，无论是本科生，还是硕士生、博士生，都需要对自身有清晰的认知与定位，确立长远规划与目标，并根据实际情况不断进行调整与完善。她常常提到“长远有战略，短期有战术”，“不能只看眼前的问题，要想得长远一点”，这样未来的道路才能走得坚定而充实。一次，一名本科生跑来找王老师，说自己想去天津参加一场学术会议，尽管这样的学术会议对一名本科生而言，显得有些艰深，但王老师还是非常赞赏他对知识渴求的能动精神，支持并赞助他参加会议。

王新红

“她的心里永远都住着一个公主”

假如你认为，那么忙的王老师是不拘小节的粗糙“女汉子”，那就错了！她可是一个非常注重生活品质、讲究生活细节的“窈窕淑女”。她非常注重自身穿着打扮，每一次拍照总是能看到不同的裙子，就算是衣服上的一枚胸针，她也会在意款式、颜色和衣服是否搭配，因而研究助理李永玉老师这样评价王老师，“在她的心里面永远都住着一个公主”。

闲暇之余，她喜欢看电影，比起好莱坞的动作大片，她更喜欢看一些揭示人性、映照社会现实的经典日本影片。她崇尚自然的美，认为“腹有诗书气自华”，多读书多扩展视野，气质自然而然就会散发出来，内在世界的丰盈比外在打扮更加重要。

“她生气的时候也很温柔”

王新红非常珍惜和爱护她的学生，把每一个学生都当成自家孩子一样温柔对待。她常和学生进行面对面的交流，了解学生当前进展与状态，要求学生进行工作总结和汇报。当学生做得不好时，她会以学生可接受的方式和颜悦色地指出错误，帮助学生认识到问题的本质，进而解决。“王老师很少生气，她生气的时候也很温柔。”她的学生杨忆菁回忆道，她用温柔的力量感化身边的每一个人。

当学生遇到困难时，王新红总是第一时间伸出援手，力所能及地帮助学生。有一次，刚考上研究生的小林同学来找王老师，表明因家庭条件困难想要退学，王老师对他说：“你遇到什么困难，我先帮你解决，再过两三年等研究生毕业之后，你会找到更好的工作，到时候可以把家庭照顾得更好，更有能力帮助家庭。”最后，王老师出钱垫付了一万多的学费，帮他渡过了眼前的难关。这并不是王老师第一次这样做，她曾经还资助过她所带的第一个硕士生小穆同学，连续三年帮他交学费。

采访刚刚结束，王老师需要马上从翔安校区开车赶往思明校区的科艺中心参加会议。她走得那样着急，但脚下的每一步却依然优雅从容。尽管公事繁忙，但她始终能够做到不慌不忙，井井有条地规划和安排工作。对待身边的人和事，她始终有一种让人镇静的力量。只要她用温柔的眉眼看着你，用温柔的言语劝慰你，便足以让你心悦诚服，感受到“岁月静好、安然若素”的美好。

（撰稿人 \ 新闻传播学院 2019 级硕士　杨佳）

学生们心中最可爱的人

——记厦门大学建筑与土木工程学院胡红梅教授

胡红梅 厦门大学建筑与土木工程学院教授。2010—2016 年，先后荣获首届、第三届和第四届全国大学生混凝土材料设计大赛一、二、三等奖“优秀指导教师”称号。2013 年 12 月，荣获厦门大学第七届教学成果奖二等奖；2014 年 7 月，荣获 2012—2014 年度厦门大学优秀共产党员；2014 年，荣获厦门大学“我最喜爱的十位老师”；2016 年，荣获厦门大学本科生科创竞赛优秀指导教师暨德贞社会课堂基金优秀指导教师等。2017—2018 学年第二学期，其所主讲的“土木工程材料及实验”课程被评为厦门大学本科教学示范岗。

“教学是一门艺术。教师站在讲台就像演员站在舞台上一样，能否将每一堂课演绎得生动有趣，吸引学生们的注意力，这是考验一名教师是否合格的重要标准。所谓‘台上一分钟，台下十年功’，如果不能让学生在 90 分钟内有所收获简直就是在浪费年轻的生命。”朴实无华的语言，掷地有声，胡红梅对自己职业的尊重，让我们看到了柔弱外表背后，她对自己事业的坚韧追求。正是这份责任感和热爱，让胡红梅老师甘愿在三尺讲台上挥洒青春和汗水，用自己踏实严谨的治学精神影响了一批又一批土建学子。

传道授业解惑，为师者当如此

讲一堂生动精彩的好课容易，难的是讲好每一堂课。从教 37 年以来，无论环境怎样改变，胡红梅始终将教书育人放在第一位，对教学艺术的追求成为她不懈努力的动力。“要讲好每一节课，就意味着你要在课下做很多功课，要有充足的积累。”多年的从教经历让老师积累了丰富的专业知识和教学经验。课堂教学认真细致、重点突出、深入浅出；抑扬顿挫的语调，与学生的视线交流，优雅得体的衣着打扮，都让她的课堂充满活力。她以深厚的专业素养和个人魅力感染学生，激发他们的学习兴趣，形成严谨踏实又不失活泼风趣的教学风格。为了与时俱进，她的教案每一学期都会及时更新。即便是讲了三十多年的课，她还是会在课前认真备课，上课时完全脱离教案，以演讲的方式讲课。上过胡红梅老师课的同学们都说：“胡老师的 PPT 里内容特别多，仿佛要将毕生所学都传授给我们。”因为热爱自己的职业，所以才能在上课时将这份热爱传递给学生，让学生们感受到作为一名土建人的自豪。一些学生正是听了胡老师的课，才萌发了参加相关学业竞赛、大创项目和报考胡老师研究生的动力。正因为如此，胡老师荣获了厦门大学 2014 年“我最喜爱的十位老师”荣誉称号。尽管她一再表示得知这个消息的时候感到十分意外，但也充满了喜悦和自豪。

胡红梅老师注重引导学生将材料学知识与学业竞赛、大创项目、工程实践紧密结合，以课外教学作为课堂教学的延伸和有益补充，培养学生解决复杂问题的创新能力、动手实践能力及团队合作精神。她将水泥与混凝土教学内容与挑战度高、难度大的“全国大学生混凝土材料设计大赛”和大学生创新训练计划项目有机结合，积极鼓励并亲自指导学生参加课外实践活动。她先后指导 6 组 30 名学生完成 2 项国家级、1 项省级和 3 项校级大创项目；先后五次组队、指导 27 名学生参加五届“全国大学生混凝土材料设计大赛”，均取得优异成绩。特别是在第四届大赛中获得一等奖佳绩，带领厦大代表队跻身土建一流名校行列。

在做好教学工作的同时，胡红梅主持承担和参与完成了多项国家级、省市级课题，对高性能混凝土、粉煤灰等多种固体废渣资源化利用及建筑修缮加固材料进行了研究，公开发表研究论文 40 余篇，主编专著 1 部，参编教材 2 本。她是业内小有名气的专家，同时兼任全国高校建材学科研究会常务理事和厦门市硅酸盐学会理事、绿色建筑委员会和建材与检测专业委员会委员等学术职务。

胡红梅的研究生朱杰回忆道："胡老师鼓励我们自己在所研究的领域里探索，每当我发现一个新的问题跟老师探讨时，她总能从属性、特征等多方面对我进行指导和讲解，我不禁感叹胡老师广阔的知识面。"

"做的过程当中会发现一些问题，带着问题去做研究。做研究以后，在讲课的时候可以丰富教学内容，给学生讲课时就不是空洞地讲理论，而可以讲很多自己做课题的体会。"胡红梅认为科研与教学是相辅相成、互相促进的。她表示，"作为厦大老师做科研是必要的，在讲课的时候结合自己所承担的课题和工程案例来诠释有关专业理论和知识，会让课堂教学更加生动和有趣，加深同学们对专业的理解和热爱"。

为什么对工作饱含热情？因为我对学生爱得深沉

作为一名优秀的教师，除了要热爱自己的工作，培养专业素质和专业能力以外，更重要的是要爱学生，在课后与学生多交流。胡红梅说："要爱学生，要能和学生们打成一片，了解他们在想什么。"她的学生朱杰回忆："我第一次开组会时，因为刚接触老师的研究领域，还不是很深入，所以很紧张。老师特意安排师兄、师姐先发言，等轮到自己发言时，老师让师兄师姐先回去，单独跟我进行了交流。这件事情让我很感动，很难忘。胡老师尊重每一位学生，尽力维护着我们那小小的自尊。"

胡红梅也没有忘记班级里的一些后进学生。有的学生状态不好，时常旷课，甚至有重修几次的学生。为了不让每一个学生掉队，胡老师课后找到他们，与他们聊天，听他们倾诉自己的问题，并鼓励他们。"能拉一把就尽量去拉一下，我希望学生们都能顺顺利利地毕业。"有几位同学正是在胡老师的帮助下树立了信心，调整了状态，最终通过了考试。

"和蔼亲切、平易近人、负责认真"，这是胡红梅的学生们提到她的时候说得最多的几个词。“胡老师不但在课堂上教给我们丰富的知识，生活中还教会我们如何做人处事。”胡老师的学生朱杰说，“老师很注重学生的人品和态度，至于细节上的偏差会给予宽容。有一次我因为课业忙忘记了参加组会，想起来后马上找老师解释，老师不但没有责怪我，还告诉我认识到问题能够及时纠错就好。”

虽然胡红梅一直面带微笑，但对学生的要求很严格，要求学生做到的事情一点也不马虎。但她说话的方式一直让人很舒服，与学生之间的交流细致又有耐心。她的学生说：“有一次实验课时，我们在拌混凝土。由于天气炎热，有些同学拌了两三次都没有成功。从上午十点一直拌到下午两点，五个小时过去了，胡老师既没有催促，也没有责怪，一直在旁边陪伴着他们，指导着他们，耐心地等待他们拌出合格的混凝土。”

胡红梅在学习和生活中都会给予学生无私的帮助。在为学生修改论文时，她耐

胡红梅

心、细致、负责、求真。一次次核实数据，严谨地逐字逐句修改。每一位研究生的学位论文和发表的小论文，都不知道会被她修改过多少次。这种严谨认真的精神也传递给了她的研究生们，“能遇到胡老师是我的幸运”，几位研究生都这样说道。

“路上碰到学生会主动打招呼，即使是很小的事情也会认真地对学生说谢谢。”她的学生说：“生活中的胡老师更是平易近人。一次研究生学位论文答辩已经过了晚餐的时间，胡老师没有吃自己面前的那份果盘，而是传给了坐在后排的学生们。”正是因为这种无处不在的细致体贴，和蔼亲切，让胡老师深受学生们的爱戴。

成为更好的自己，才能成就最美的梦想

聊到生活中的兴趣爱好，胡红梅笑着说她平时其实很文艺。她热爱歌唱和舞蹈，积极参加各种校级和院级的文艺活动。她是厦大教工艺术团合唱队的成员，坚持每周一次的合唱排练，并参加一些演出活动；作为学院妇委会主任和文艺骨干，多次策划、参与两年一届的厦门大学“三月的风采“活动。在大家的共同努力下，学院代表队多次获得一等奖的佳绩。胡红梅还有一个爱好是文学，曾有过当作家和翻译家的梦想。小说类、散文类、传记类的文学作品她都喜欢。大量的阅读积累，使她讲课的语言生动有趣，富有激情。同时，她也会建议她的学生们广泛阅读，不能局限于自己的专业，在学好专业课的基础上广泛涉猎。她还鼓励他们珍惜厦大的丰富资源，文理兼修，选修一些文科类或者艺术类的课程，提升自己的综合素质。“腹有诗书气自华”，大量的阅读积淀出了她温柔从容的气质，乐观豁达的态度。

数十载师道桃李天下，积年之修精于建材。将教育植根于爱，让教学成为一种艺术，宛若白鹄拂绿波般优雅而不失勤奋。胡红梅老师，她是老师，更似母亲，给学生无微不至的关怀与呵护。在学业上她严谨踏实的治学精神更是影响了一代又一代土建学子。她是学生们心中最可爱的人。

（撰稿人 \ 建筑与土木工程学院 2018 级本科生　赵嘉宁）

求科研瀚海，植桃李天下

——记厦门大学电子科学与技术学院电子科学系副主任蔡淑惠教授

蔡淑惠 教授，博士生导师，厦门大学电子科学系副主任和电子科学与技术学院电子信息支部书记。1996 年获得理学博士学位，后到厦门大学工作。作为科研人员，她先后主持了国家自然科学基金、教育部科学技术研究重点项目等近 20 项科研课题，在国内外重要学术刊物上发表 SCI 收录的论文 180 余篇，获授权发明专利 12 项，软件著作权 4 项，5 次获得福建省科技进步奖，3 次获得厦门市科技进步奖，入选教育部新世纪优秀人才培养计划和福建省科技创新领军人才。

书桌上放着厚厚一叠资料，书柜里琳琅满目的专业书籍，茶几上的绿植还闪烁着水滴，整洁干净，齐整有序，这是进入蔡淑惠教授办公室首先看到的一幕。

走进蔡淑惠教授的课堂，可以看到她在三尺讲台上挥洒的热情；走进她的办公室，可以看到她埋头修改学生论文的身影；走进她的实验室，可以看到她与学生讨论课题时的专注……不仅这些，她还是系主任，是党支部书记，是学科带头人，是三八红旗手，是科技领军人才……虽众多角色，却本色不改。

仰之弥高，钻之弥坚

蔡淑惠教授主要从事核磁共振新技术及其应用研究。1990 年本科毕业于福州大学，随后保送到中国科学院福建物质结构研究所，1996 年获得博士学位，博士毕业后到厦门大学工作；1999 年、2002 年间分别在德国慕尼黑工业大学和美国 Drexel 大学合作研究 1 年，其后又多次赴 Drexel 大学进行短期合作研究。现今 51 岁的她始终坚守在教学和科研一线。

蔡淑惠的一天经常是由“教学、科研、系务”组成的。讲起每天这样忙碌的生活她却颇有兴致：“教学上，虽然我的课不是新开设的，但是每次上课前仍要重新备课，备课能给我灵感，并且发现之前忽视的东西。科研上，需要追踪文献，对学科前沿动态保持敏感，毕竟科学技术日新月异，掌握最新进展才有可能创新。”理性思考、与时俱进是蔡教授一直秉持的理念。

作为老师和学科带头人，蔡淑惠自觉履行教书育人的神圣使命，发挥学科带头示范作用，已培养 20 余名研究生毕业；她积极开展学科建设，为厦门大学电子科学与技术一级学科博士点、博士后流动站、福建省重点学科的成功获批和建设、发展做出了贡献。

仰之弥高，钻之弥坚，蔡淑惠一直走在前进的路上。

课堂上学生是主角，老师是灵魂

普罗塔格拉曾说：“头脑不是一个要被填满的容器，而是一支需要被点燃的火把。”毫无疑问，在二十几年的教学生涯中，蔡淑惠教授一直起着“点燃”的作用。

相比于其他大学老师传统的讲和听模式，蔡淑惠在教学方面也有自己的特点绝招——主张学生自己讲课。蔡教授要求学生课前自主预习并备课，正式上课时学生是主角，但是这样的授课方式并不意味着失去了课堂上老师的作用，在学生讲到关键地方时，蔡教授会再提点，并解答学生们的疑问。这样既可以了解学生们的掌握情况，又可以锻炼他们的表达能力，也从源头上杜绝学生们在学术上的偷懒。

“蔡教授的课堂是老师和学生的互动平台，蔡教授是整堂课的灵魂。”谈及蔡教授的授课方式，学生们如是说。课堂不仅是传道受业解惑的平台，在蔡教授看来，更重要的是培养学生们的学习能力以及钻研精神，同时让他们具备严谨踏实的求学态度。

在学生的眼里，蔡淑惠教授一直给他们负责认真的印象，其中最具代表性的就是给学生们改论文。不管是不是自己的学生，蔡教授都不会区别对待，都会热心帮忙，直到把文章改得尽善尽美。师从陈忠教授的博士生冯烨深有感触，在研究初期，复杂高深的专有名词让她根本摸不到头脑，一度让她给自己扣上了“菜鸟”帽子，令她意外的是，蔡教授竟然一点也不嫌弃她的“慢热”，拿起她的文章后一个字一个字地改，甚至用错的标点都会在旁边批注下来，这件事让冯烨“特别特别感动”。在蔡教授的指导下，她在之后的学习和研究中也得心应手了很多。

蔡淑惠

初心依旧，感恩思源

谈及她的科研历程，蔡淑惠特地提到了她在研究生时期的导师。“他很认真严谨，对我们很好，给我们足够的信任让我们自己去尝试，对我影响挺大的。”在导师的引导下蔡淑惠逐渐进入科研角色。导师给予她的帮助让她受益匪浅，几年之后她也用同样的初心、用教师的角色帮助着她的学生。

据蔡淑惠的学生描述，她虽然是系主任和党支部书记，但是在学生面前，她完全没有架子，从来没有把自己当成领导。在学生面前，她更喜欢“老师”和“朋友”的角色，她喜欢听取学生的意见，逢年过节组织实验室的学生活动，热心地和学生沟通学业和生活问题。蔡教授的平易近人，早就走进了学生的心里。

蔡教授 1996 年入职厦门大学，至今已逾二十年，她说：“我高考的时候就特别想报考厦门大学，但是志愿没报好，后来能入职厦门大学也是圆了我高考时的梦想。”厦门大学在工作和生活方面给予了她很大的助力，她也在用爱与热忱回报厦门大学。

面对现在电子信息人才生逢其时的形势，蔡淑惠却说，兴趣最重要，不要为了迎合就业环境选择专业。不管是不是电子专业，不管以后干什么工作，都应该求真务实，扎实打下基础，少些功利性。

短短几句话，蕴含着蔡淑惠的初心，这种初心有着时间带来的智慧，对科研学术的尊重，同时拥有最质朴笃定的力量。

（撰稿人 \ 电子科学与技术学院 2018 级本科生　张千帆）

为科研筚路蓝缕，育学生桃李天下

——记全国三八红旗手、厦门大学生命科学学院吴乔教授

吴乔　厦门大学生命科学学院教授，博士生导师，福建省“闽江学者”特聘教授，国家杰出青年科学基金获得者。先后担任厦门大学细胞应激生物学国家重点实验室副主任，中国病理生理学会肿瘤专业委员会副主任，中国生物物理学会理事等。发表 SCI 论文 40 余篇，研究成果两次获得福建省自然科学奖一等奖。获得福建省三八红旗手标兵、全国三八红旗手、全国妇女创先争优先进个人等荣誉称号。作为基层党支部书记所在支部入选全国高校首批 100 名“双带头人”教师党支部书记工作室。入选 2019 年度福建省践行社会主义核心价值观“最美人物”。

“我父母都是厦大的老师，我可以算是生在厦大，长在厦大，服务在厦大的厦大人。”谈及厦门大学工作生活的渊源，吴乔脸上浮现出平和与安定：“我觉得一个人的工作不太可能一下子就非常喜欢，会随时间发生变化。既然我选择了这份工作，那就必须抱着认真负责、全心热爱的态度投入，慢慢地、踏踏实实地去做。”

1990 年，吴乔顺利获得厦门大学生物学硕士学位。深刻感受到中国和其他国家在科研上的巨大差距，1995 年，吴乔飞往美国，进行博士阶段的进一步深造。“在我读硕士的时候，就已经感觉到走科研这条路一定是非常艰辛的。我的博士论文是在美国完成的，那时候咱们和美国的差距还很大，我基本每天只睡五六个小时，一年的时间，完成了毕业论文的研究工作，发表了两篇非常好的文章，现在想想当时真的是很有毅力。”谈起在美国的求学经历，吴乔的语气在轻松之中又夹杂着一些感叹。

与时俱进，做永恒的科研追梦人

严谨又勤奋，是吴乔给身边人留下的鲜明形象。在科研场域中的吴乔，如饥似渴地吸取着学界产生的新知识、新观点，从未停下科研的脚步。“吴老师很忙，经常出差，但是从来不会中断和我们的学术交流。”吴乔的学生们这样说道，“她在外面参加会议的时候，如果碰到和实验室相关的议题，一定会第一时间用微信或者qq和我们讨论。”将最新的知识带给实验室的学生，绝对不放过任何一个微小的灵感，吴乔老师一直都是用这样的态度献身科研。问到平时生活中放松的方式时，吴乔仍旧提及“科研”二字。在吴乔的心中，因为喜爱科研，每时每刻都在为它投入、为它沉思。想通一个问题、攻克一个难题，这之后的轻松和愉悦比任何娱乐都来得满足。“现在觉得做科研这个选择是对的，尽管实验中间很辛苦，但是当有科研成果出来之后，还是很快乐，感觉很满足，也很幸福。”

然而，从事科研从来都不是能够一蹴而就的事情。回想自己二十多年的科研之路，吴乔承认道:“实际上我们的快乐来得比痛苦要少得多。我们做一百个实验，可能九十九个都是失败的，所以你每取得一点进步甚至是每遇到一点挫折都会印象深刻。”而这些印象深刻的失败也成为吴乔前进的动力。快乐总是短暂的，今天出去答辩、拿到一个基金，兴奋的心情可能仅仅持续一个晚上，第二天爬起来，就必须更加刻苦才行。

立德树人，做素质教育的践行者

吴乔非常提倡素质教育。在科研领域中，她从来都是执着严谨的形象，并且常常以身作则。开组会的时候从来都早早到达，也会要求学生收拾好个人卫生，以清爽饱满的态度进行实验。在吴老师的实验室里，嬉戏打闹是绝对禁止的。上课的时候，吴老师会结合学界的新观点展开授课。求真、务实，从学生们的描述中，我们可以轻易地拼凑出这样一个标准的学者形象，但是真正的吴乔，远远不止这些闪光点。

生活中的吴乔，是实验室的“大姐姐”，是学生们的“大家长”，科研的进步总是艰苦而微小的，无数次的失败，让落差感和挫败感不断侵袭着学生的心理健康。为了让实验室的学生们保持健康的心理状态，吴乔常常从细节入手，给学生温暖的关怀。实验室所在的翔安校区建筑稀疏，非常空旷，加上常常下雨。为了应对这种情况，吴乔专门为学生们定制了一批骨架很大的特质伞。实验室还会组织春游、秋游等集体活动。每当课题出现无法攻克的难关或是令人惊喜的进步时，吴乔都会自己出资给学生聚餐、看电影……“吴老师在生活中与我们很亲近”，她的学生们如是说。

除了学生的业务能力，吴乔也非常强调学生的思想道德素质的培育。“一个人如

吴乔

果只有业务好，思想素质和道德品质跟不上，就像缺胳膊少腿一样，不是一个完美的人。”在吴乔老师眼中，教书育人，不仅是传授学生知识，也要教会学生做人。她希望学生思想上要有高的觉悟，希望学生发挥党员的带头作用，经常教导学生以公共事务为先。她的目标只有一个，就是把学生培养成为德智体美劳全面发展的有用人才。

坚守党性，做栋梁之材的培育师

吴乔的身上，有一股为国为民的情怀。作为校优秀共产党员和全国三八红旗手的吴乔，在忙碌的科研工作之余，依然坚持承担着党务工作的责任。在学生眼中，吴老师“党性很足”，很好地发挥了一个老党员身上那种特有的光环和精神，是党员的模范榜样。尽管年岁渐长，吴乔始终奋斗在党支部工作的第一线。讲到担任支部书记的渊源，吴乔提到了黄大年教授。“那时候我们团队刚获得教育部‘黄大年式’团队称号，说实话我真的被黄大年热爱祖国的精神感动。作为一名共产党员，我毫不犹豫答应了担任支部书记的工作。尽管支部工作确实比较辛苦，但是只要有这么一颗心，工作就一定能做好。”

在吴乔心中，作为一个合格的党员，肯吃苦、严格要求自己，才能为年轻的党员做出榜样。

谈到对未来的期望，吴乔显得很洒脱：“到了我们这个年龄，能够拿什么奖、获得什么基金、发表什么文章，其实都排在第二位，更重要的是想培养更多优秀的人才。”谈到自己的学生，吴老师脸上带着骄傲，整个人都精神起来：“我现在大概培养了四十多个硕士和博士生，他们大部分都非常出色，在自己的岗位上都做了很大的贡献。”吴乔老师的学生中，很多都成为教授，成为别人的“老师”。有的学生获得了国家杰出青年科学基金，有的学生获得了国家优秀青年科学基金。吴乔坦言，她未来的重心是希望把自己的知识和感悟更好地传给学生们，希望他们青出于蓝胜于蓝，在业务上超过自己，在思想品德上过关，真正成为科研和教学上的栋梁。正如吴乔所言：“看到他们的成长，比我多发文章更高兴。”

（撰稿人 \ 社会与人类学院 2018 级本科生　刘雨桐）

牢记初心做好服务

——记厦门大学医学院副院长谢莉萍教授级高级工程师

谢莉萍 教授级高级工程师，厦门大学医学院副院长、生物医学仪器共享平台的执行副主任，曾任生命科学学院妇委会主任。她负责大型仪器平台管理工作，配合学部仪器共享管理委员会搭建学部平台。任职期间，她完成了大型仪器平台"贵重仪器运行保障系统"Ⅰ期和Ⅱ期的改造工程；完成了学部仪器共享平台信息化系统建设；组建、培养了23人的技术团队，围绕学科需求成立了多个核心技术小团队。生物医学大型仪器共享平台面向学部、学校、社会全面开放，为学校科研服务提供了强有力的保障。

"真不觉得我有什么可写的。"受邀接受采访时，谢莉萍老师这么说。

2014年谢莉萍老师开始接手生物医学仪器共享平台建设，在她的领导下，短短五年时间里厦门大学生物医学仪器共享平台已成为全校服务共享对象最多的平台。

对症下药，让问题成为过去

"仪器仅仅是厦大的资产，盘活使用才能变为资源。"接手平台后，为了尽快熟悉业务，展开工作，谢莉萍深入平台管理一线调研。几天下来，她发现当时的平台存在四个亟待解决的问题：第一，平台建设定位模糊；第二，平台大型仪器放置环境不达标，精密仪器运行不稳定；第三，实验室无法满足要求；第四，平台人员没有明确的工作目标。

“面对的困难太多了，但还是得一个个解决。”平台建设是为科研服务的，定位模糊必然导致平台服务效率低下。“平台为谁服务，如何服务，怎样实现优质服务”——这是谢莉萍老师思考并着手解决的问题。为此，她奔赴国内一流科研机构的平台参观、取经。为完善平台的定位，她亲自设计拟定用户调查表，在一个月内走访学院 50 多位实验室负责人，分析用户需求，明确了平台的服务方向。

至于平台大型仪器放置环境不达标等问题，她提出建设“屏障系统”的建议，并领头打造防尘、防湿、利于仪器保护的洁净室。缺乏可用的信息化管理体系，她组织人员向软件公司咨询设计方案，到管理水平高的中科大生科院平台考察、学习，引进全方位的信息化管理系统。平台人员没有明确的工作目标，她便响应学校人事制度的改革，在学院率先试行专业技术服务人员绩效考核办法，引导专业技术人员进行自我提升，使其明确自己的发展目标。

随着问题一个个被解决，困难一个个被突破，一个科学、高效、开放共享的生物医学大型仪器共享平台呈现在大家面前。平台提供的一系列优质服务——24 小时开放、全年无休、2000 平方米的实验室，价值 1.2 亿元的高精尖的仪器，便捷的网上预约系统，收获了众多好评与认可。用一位博士生的话说：“现在做实验都离不开平台了，在平台做实验是一种享受。”

扬长补短，使工作得心应手

令人称道的是，带领队伍取得如此成就的谢莉萍老师并非生物专业出身，原来对大型仪器的了解和知识的积累也并不多。“也许我在技术上不擅长，但我会提出一些由于管理出现的问题。”谢莉萍对自己的不足与强项有着清晰的认识。据平台电镜室的负责人姚路明老师说，谢老师一边跟各类仪器的管理人员学习专业知识，了解他们的工作特点和性质，拟定管理方案；一边给平台人员传授先进的管理方法和理念。“谢老师让我们意识到管理是一门科学，每天不应只对着堆积如山的工作，忙得团团转，而应该停下来静心分析问题出在哪，如何合理安排时间和分工。”就这样，谢莉萍以其丰富的管理经验，带领平台专业技术人员立志将平台打造为“最好、最全、最用得起”的世界一流的大型仪器共享平台。

在谢莉萍和团队成员的共同努力下，平台打通了多个学院的大型仪器的共享，校内注册使用平台仪器的实验室或课题组超过 400 个，校内外注册用户 4000 多人（比 2014 年翻了近五番），仪器使用机时大幅提升。与此同时，平台创造的科研效益也大大提升。近两年，生物医学仪器共享平台已协助数十篇高影响因子的论文发表在国际权威学术期刊上。目前谢莉萍带领的质谱、流式和共聚焦等子平台已跻身国内先进水平的行列。

循循善诱，给团队鼓足信心

“大家承认你的付出和努力，工作起来才会更开心。”谢莉萍说，在很长一段时间内，专业技术服务人员被归入教辅队伍之中，重视度不够。她希望给专技人员树立信心，让大家明白科研是离不开专业的技术辅助的，专技在学院、学校建设占有很高的地位，发挥很大的作用。

“不是说工作就不用学习了，学习是为了更好地提升自己。”谢莉萍要求平台人员积极好学，鼓励他们和同行交流，到技术先进的单位学习，参加各类培训和行业年会。了解自己负责的领域和仪器在国内外的水平，并努力提升自己，在专业和技术上做精，再去服务平台用户。

当然还是有对平台现状不够满意的用户，用激动的言辞对平台毫不客气地批评。专技人员也会感到委屈、掉眼泪，甚至躲着责备他们的用户。这种情况下谢莉萍说：“怨言就是考验，越凶的老师越要接触。”她鼓励专技人员与指出平台不足的用户们主动沟通。“关心平台发展的人才会着急。”在谢莉萍的引导下，平台人员学会了“厚脸皮”，再遇到那些用户，他们会选择主动微笑迎上前，跟用户汇报前一次问题的解决方法，介绍平台的改进和新提升情况。

专技人员在学习中不断增强自己的业务能力，平台在与用户的沟通磨合中不断完善软、硬件设施建设，平台服务水平大幅度提升，有力支撑了生物医学方面的科研工作。自此，专技人员有了自信的底气，对自身工作的认同感增强了，工作也更具积极性了。

劳逸结合，为生活增添美好

谢莉萍虽身为平台的领导，但实际上更像团队里的姐姐，与她相处轻松自在是同事们的一致感受。她的脸上总是挂着微笑，眼睛眯眯弯成月牙的形状，与人交流时她总是认真地听，适时地给出回应。在工作中为大家严格把关的她，会倾听他们在工作中遇到的困难，然后向上级反映，为大家发声；在生活中她也会给出恰如其分的鼓励，帮助大家解决遇到的难题。

谢莉萍

仪器管理员张蕾说：“谢老师懂得管理和放松自己与团队，将承担工作与分享生活平衡得很好。”谢莉萍重视团队文化建设，会组织团队的周末活动，希望大家在放松的基础上增强凝聚力。她热爱运动，热衷于参加集体活动，是学院气排球队的主力队员。在她的感染和鼓励下，整个平台队伍都积极地参与学院内组织的各种活动。

“工作努力是一回事，该放松还是要放松。”在兼任生命科学学院妇委会主任时，谢莉萍也将这一理念贯彻于妇委会的工作中。她全力支持与配合工会，组织烘焙、插花、考察等活动，鼓励学院女老师积极参与。“希望大家不要太沉闷，要多交流，然后以更好的心态和状态投入工作。”在她眼中，放松也是辅助工作更好地完成的一种途径。

平台服务部门的专技人员不能按照学校的全休假，即便是假期也要求三分之二的人员在岗，这也是谢莉萍的生活看似都围绕着工作的原因。但假期的长短并不会影响谢老师对生活的热爱，放短假时她会遛遛狗或做瑜伽，放长假时她会用来陪伴老人和孩子。偶遇美景她会用手机记录下来分享给大家，工作的闲暇时间她还会打理办公室的盆栽或是精心培育懒人花瓶送给其他老师们。她希望那些美景和盆栽也能给大家带来好心情，让大家在工作中也能有更好的状态。

“写简单点，毕竟我也没做什么大事，只是做好本职工作而已。”采访结束时，谢老师这么说。她说，她只是优秀团队里的一个代表。

（撰稿人＼管理学院 2018 级本科生　李湛悦）

深耕教学科研，不忘责任初心

——记厦门大学公共卫生学院方亚教授

方亚

1964 年出生，中共党员，厦门大学公共卫生学院教授，博士生导师，MPH 中心主任，卫生技术评估福建省高校重点实验室主任。研究领域为老年健康与养老，健康医疗大数据与健康管理，卫生技术评估与卫生经济政策。主持和承担国家级、省部级项目等各级课题 100 余项；国内外杂志发表论文 150 余篇，其中 SCI/SSCI 文章 60 余篇，参编国家级教材 30 余部。获国家及省部级等多项奖励，获评厦门大学三八红旗手集体奖和我最喜爱的十位老师，获聘美国公共卫生最高荣誉团体——美国公共卫生协会（The Delta Omega）荣誉委员。多项老年健康相关研究成果被国家与地方主要媒体专题报道。

逻辑严密、思维清晰，谈到方亚教授，学生们首先想起的就是她身上这令人钦佩的特质。这位总是挂着亲切笑容的女老师，以其高度的社会责任感与认真的教学态度深受公共卫生学院一众学子的尊敬。桃李满天下，润物亦无声，她是公共卫生学院教授方亚，一位诲人不倦的教师，一位认真的科研者。

勤勉无私，诲人不倦

夜里 11 点，当许多同学已经沉浸在梦乡之中的时候，方亚老师办公室还亮着灯光。而第二天清晨，方亚老师又早早地来到学校，开始了一天的忙碌工作。“在早上收到方老师凌晨发来的邮件，打开邮件看到被老师一句句认真看过，并做了批注与修改意见的文档时内心总是充满感动与敬佩。”方亚老师的硕士生展元元由衷地感叹道。

身为教师，方亚总是时时刻刻将学生放在眼里，记在心间。谈及学生，方亚老师不觉露出会心的微笑，话匣子也打开了：“我是公共卫生学院预防专业的，刚开始，有许多学生不太了解这个学科，引导学生去热爱这个专业是我要做的事。”方亚老师一直把关注社会发展、学以致用的理念传递给学生，学生在课堂上渐渐懂得自己为什么要来学习这门课，进入社会时自己又如何学以致用。生动浅显的例子使学生明确自己的学习目标，从而爱上这个学科，正所谓“知之者不如好之者，好之者不如乐之者”。正是在方亚老师的积极引领和推动下，有许多学生愿意留下来继续深造学习，为公共卫生贡献自己的一份力量。由浅到深，层层深入，无论多困难的知识，方亚老师总能一以贯之。理论与实践紧密结合，社会的需求与预防医学的特点紧密联结，这就是方亚老师所阐述的“表达的艺术”。

方亚老师还善于结合学生的特质，因材施教。课题组每年都会招一部分非公共卫生专业背景但有交叉专业性质的研究生，医学学科读研期间的科研任务很重，而他们对这个学科几乎完全陌生。多年来，方亚老师都会亲自与每一位新进研究生交流，根据学生的专业特长和兴趣，指派不同研究领域的老师加以培养。对此，袁志鹏深有体会：“通过交流后，方亚老师认为我的英语和公共管理政策方面的背景和潜力都不错，就安排曾雁冰老师具体负责指导我的科研，一开始就着重培养我做医疗卫生政策领域的研究，瞄准国际前沿。两年多下来，取得了较好成绩，今年还被评选上国家奖学金。”

每隔一段时间，方亚老师都会收到已毕业学生的信件。学生们总是热切地向方亚老师反馈自己在工作中取得的成绩，让老师也能够感受到事业上的成就感。方亚老师不仅仅是学生成长的引路人，学习的推动者，更是他们的知心朋友。2017年，方亚老师入选成为厦门大学“我最喜爱的十位老师”。这既是对方亚老师多年教学生涯的认可，又表达了学生们对方亚老师的喜爱与敬佩。

以身作则，躬身科研

国家教学成果二等奖、全国老龄政策调研优秀成果三等奖、福建省老龄政策调研优秀成果二等奖；厦门市科技进步三等奖、福建省医学科技二等奖……方亚的科研之路上成果丰硕，花团锦簇。作为学术带头人，方亚带领团队长期致力于老年人的失能、认知、跌倒、慢性病、长期照护、健康管理、养老需求及服务等研究，迄今为止，成果显著。

在诸多成就背后是方亚不变的科研态度。方亚老师一直认为，获得成功的人一定要有事业感，有团队意识，明确近期目标与远期目标；个人要以身作则，并且把整个团队带好，实现优势互补。她是这样说的，也是这样做的。公共卫生在健康中国战略中具有重要的地位和作用。为了保持科学研究的先进性和科学性，她兼任多个社会职务，在与国家和地方层面的结合中明确方向感，了解研究需要从哪些方面去做，从而对研究的推进更有目标和针对性。

作为典型的公共卫生问题，老龄健康与养老同时都是重要的社会民生热点。从开展厦门市老年公共卫生基线调查开始，方亚已经从事老年健康与养老相关研究近十年。她认为：“我们一直认为老龄化研究不是一件应该停留在理论层面的事，对老年健康和养老服务的理解和想象应该尽可能在老年人群体和养老服务运行中得到验证、反馈与综合运用。”

一次次实地大规模健康调研，一次次现场社区干预随访，印在纸上的一份份文字报告，在方亚的引领下逐渐落地生根。老年人失能研究助力推出首个由政府主导的老年人保险项目“老年人幸福安康险”，2015年，获评“厦门市十大影响力事件”之一；承接民政部的养老机构服务质量评价课题，研究成果助推国家养老服务标准的出台；受国家卫健委委托开展老年人口健康调查指标体系研究，并负责“第六次全国卫生服务调查”老年人模块的问卷设计；“医养结合服务体系研究”获高

方亚教授

度评价，被推选报送省委常委参考内刊；所研制的老年健康功能多维评定量表获知识产权……

用方亚的话来说，每一个由自己团队参与的政策的推行，对自己而言都是一个新的起点，需要未来更长久的努力。作为一名中共党员，方亚时时能感受到自己需要履行的义务。从小到大，受到身为党员的父母的影响，她认为，党员是一个很光荣的名词，要有很多的付出，要以身作则，有带头作用。这也浸润在她的血液里，体现在她如今的科研工作中。

积极工作，享受生活

优雅、知性，每一位与方亚接触过的人脑海中总会浮现这四个字。在生活中，她兴趣广泛，多才多艺。从小学到大学，她一直非常喜欢文艺、体育。跳舞、拉小提琴、拉二胡……方亚老师手中有不少绝活。她在本科的班级上是文艺委员，在研究生会中是文体部长，学校里只要有运动会、文艺晚会，都会有她的身影。她的这种热爱文体的精神也体现在教学中，她常常让学生们出去看看，鼓励学生们在课余时间多培养和发挥自己的兴趣爱好。方亚老师的博士生张良文回忆道，“老师总跟我们说要多去锻炼身体，我们预防医学的学生不能自己的身体都照顾不好。”

“素质培养很重要，”方亚老师说，“我们希望学生在各个方面都能够全面发展。”基于此，方亚老师在招收研究生的时候往往会询问是否有兴趣爱好，在各类文艺晚会上能看到方亚老师研究生的机会也是最多的。

同事曾雁冰是这样描述方亚老师的：“在休闲的时候，她常陪家人听音乐会、喜欢在家烹饪，能很好地平衡工作与生活，我想方亚教授真的是很多女性的榜样。”的确，除了教学与科研之外，方亚老师在文艺、体育等方面找到了另外一个属于自己的领域。工作中的她是精益求精、认真严肃的，参加文体活动的她是优雅自信、光芒万丈的，这大概就是方亚老师能够得到如此多人爱戴的原因。

三尺讲台育桃李，一支粉笔写春秋。多年来，方亚一直深耕教学科研，始终不忘责任初心。“社会责任感”是方亚一直强调的对于学生的要求，也是她自己的行为准则。方亚老师用自己的实际行动为学生们树立了榜样，“耳濡目染，不学以能”，她用实际行动述说着普通而不平凡的人生真谛。

（撰稿人 \ 管理学院 2018 级本科生　吴斐济）

法学下的为师之道

——记嘉庚学院法学院副院长侯莎副教授

侯莎 厦门大学嘉庚学院法学院副院长、副教授，嘉庚学院法律事务办公室常务副主任。毕业于武汉大学法学院，近年来主持参与多项省部、市级课题，发表了十余篇论文。多次获得厦门大学嘉庚学院优秀教学奖，曾获厦门大学三八红旗手称号。

“不要害怕，慢慢来，一句一句讲”

2016级法学院学生兰铭回忆起大一参加的第一场师生交流会，那是他第一次在那么多老师和同学面前发言，本来就不善言辞的他，因为紧张，讲话的时候就开始磕磕巴巴。“不要害怕，慢慢来，一句一句讲”，当他听到这样温柔的一句话时，突然放松了下来，他的心也平静下来。而后他一字一句，认认真真念完了班级同学的所有诉求。

那个温柔的声音便是来自厦门大学嘉庚学院法学院副院长侯莎。兰铭说，他没有想到，看起来那么威严而又高高在上的副院长，会这么温柔耐心地鼓励安慰他。这件小事一直藏在兰铭的心中，这是他对侯莎老师的最初印象。而这位穿着粉红长衫，留着长发，极具知性美的老师，还有着其他许多值得敬佩，而又不为人所知的点点滴滴。

用初心，守护教学改革的创新之路

“亲切”，是侯莎的学生在评价她时提到最多的一个词。在很多人的印象中，法学是一门严肃的学科，自然而然地认为法学院的老师都是严厉刻板的。然而，正式上课时，学生们却发现自己的担心完全是多余的。“没有距离感”“如沐春风”，学生们用了很多这样的词形容他们第一次上侯老师课时的感受。讲台上这个侃侃而谈的老师，完全没有院长的架子，她讲专业知识时从容流利，面对学生提问时细致耐心。

侯莎个人对于教学理念的理解，是“以学生为本”，这也是厦门大学嘉庚学院教育理念的初心。侯莎老师将这个理念在教学工作上贯彻得很彻底。“不管是副院长还是副教授的身份，我始终认为，我真正的身份是一位教师。”侯莎老师秉承着这样的信念，工作 10 年以来，始终坚守在教育第一线。不管是师生座谈会，还是学科入门指导大会，她都亲自“冲锋上阵”。面对学生，她永远是柔软的，对于学生的要求，她也尽她所能满足，理解学生、服务学生，已经成了她的一项教育宗旨。这也是许多学生都觉得她“亲切”的原因所在。

在教学模式上，侯莎也会站在学生的角度上，考虑他们所感兴趣的东西，并将这些元素添加进自己的课程内容，从而丰富课堂形式，使课堂更生动有趣。2016 级学生范钰洁回忆，在讲劳动合同法时，侯老师常常将知识点与具体事例相结合，尤其是讲劳动合同的订立时，会将毕业就业与课程内容结合，从劳动合同的期限、工作内容、劳动报酬、社会保险、劳动保护等多方面为同学们梳理签订劳动合同的注意事项。这些“接地气”的例子帮助学生们更加深刻地理解概念，并无形之中培养了学生们的运用能力。

侯莎老师的课堂，摒弃了传统的填鸭式教学，以课堂互动为主，帮助学生走出被动接受知识的固有框架，转为主动吸收。教学模式的创新，是侯莎老师作为教师的责任感，这让她习惯性地为学生着想，并由此开创了她独特的教学风格。截止到 2018 年度，侯莎老师累计共获得五次以上校级“优秀教学奖”及“教学方法奖”，这些突出的教学成果也是对她努力的最高肯定。

用实干，坚守行政管理的服务之路

面对学生，侯老师似乎永远是温柔可亲的。但同时，她亦是一个有原则的人。也许是多年的法学专业学习所养成的习惯，对自己、对他人，侯莎都严格要求遵守制度。“我是一个规则意识很强的人。”侯莎老师常常这样说。课堂上，她的要求是学生不能迟到，每个学生有固定座位。如果有学生违反了这些规则，就要受到相应的处罚。期末时，往往会有一些学生跑来找她求情，这时的侯老师从来都是铁面无私。对此，与侯莎共事的嘉庚学院工会主席、党群工作部副部长赵留鹏评价她时说，侯老师有时是一个很“硬”的人。她曾说过，老师就是要严格要求学生，严管才是厚爱。但这样的严管，并没有招致学生的反感，反而培养出了大批优秀的人才，也赢得了学生们的尊重与喜爱。

这样硬与软、刚与柔的并济也体现在侯莎的行政工作上。2013 年，侯莎接受组织安排，以院长助理的身份接过了法学院各项事务的重担。许多人觉得，要处理好整个法学院大大小小所有事务，没有强硬的手腕是难以胜任的。事实上，侯莎老师的确很“硬核”，她对所有人一视同仁，对所有事统一标准，公正公平，透明公开，正是这样的办事原则使她的管理卓有成效，也能服众。但公事公办，和她对同事们的关怀并不冲突。在日常的工作中，她总能敏锐地觉察到同事们情绪上的变化，并进行及时地疏导、关心。这样富有人情味的管理模式，才是她能够处理好各种人际关系，同时管理好各项事务的终极法宝。

教育与行政的工作，往往会互相挤压时间，在外人看来是一个很重的担子，但对于侯莎来说，却既是挑战也是机遇。在接手法学院行政事务时，侯莎老师并没有放弃教学工作，除了出于心中对于教书育人的那一份责任感，也有一部分原因是她坚信，前线教学工作能使自己真正接触到学生，了解到他们的需求，从而更好地开展学院的行政工作。同时，她也将行政事务管理的经验运用于课堂管理上，使课堂更有活力，教学更有效率。两者的平衡，也让侯莎老师实现了“双赢”：她的教学荣誉硕果累累，同时，法学院在她的带领下，近年来新增五个实习合作单位，遍布福建省内外。此外，侯莎老师更积极探索对外交流的新渠道，仅 2017 年度，法学院就有 100 余人次师生到香港、台湾等地区交流学习，大大丰富了法学院的实践教学层次和内容。无论是教育工作还是行政工作，以学生为本的信念，始终存于侯莎老师心中。

用真情，书写永不止步的进取之路

“远离舒适区”，这是侯莎的微信签名。这个签名，她已经保留了近两年。

关于“舒适区”的含义，侯莎老师解释道，大概两年前，她拿到了副教授的职称，同时也兼任嘉庚学院法学院的副院长。在许多人的眼里，她的事业已经很成功了，完全可以开始“休息”了。对这样的说法，侯莎老师不以为然。对她而言，满

侯莎

足于现状止步不前，是违背她的本性的。她之所以更改了这个签名，也是为了时时刻刻提醒自己，永远不要停止前进的步伐。如今，侯莎老师还在攻读华东政法大学的博士，用她自己的话说："我总是想再拼搏一下，让自己变得更好。"工作、科研上的各项成就似乎很容易让人忽略，侯莎已经是两个孩子的母亲了。对此，与侯莎老师共事的罗英老师笑称："不知道她是怎么做到的，工作和生娃都没耽搁，我们都很佩服她。"工作和家庭的平衡，让她能在日复一日平凡琐碎的各项事务中，始终保持高昂的工作热情。侯莎就像一个掌舵人，她用她的热情与力量，带领着整个法学院走上了崭新的发展道路。

作为新时代的女性，侯莎对于女性在社会上的境况也有着自己的想法。一直以来，女性在工作与家庭两方面如何权衡就是一个争论不休的话题。侯莎认为，相比于男性，女性在家庭方面确实要付出更多，孩子的哺乳、教育，很多方面都离不开母亲。但侯莎老师也认为，为母则刚，孩子的出生，对她来说更是一种动力。"多花时间，多花心思"，这八个字是侯莎老师权衡好工作与家庭关系的秘诀。成为一名母亲之后，她的情感更加丰富，也学会了包容、理解。这似乎是母亲的天性，侯莎老师就用这样的博爱，关心自己的学生与同事，用女性独有的细腻，妥协慎微地处理好每一件事，亦用这样的坚强，积极地面对每一个挑战。作为一名女性，作为一名领导者，侯莎老师更是以身作则，树立了优秀女性的榜样，也增进了整个法学院的凝聚力。

当被问到，为什么能够数年如一日坚守在工作、教学岗位上，而能不忘初心时，侯莎说原因有很多。但最大的原因，是那份获得感——学生的感激，同事的信赖，学院发展的蒸蒸日上，都像暖阳照过心尖，让心里满当当的。为了这份获得感，侯莎有了无穷无尽的动力，也收获了无边无际的幸福。

（撰稿人 \ 管理学院 2018 级本科生　吴欣娴）

二

服务奉献篇

用平凡岗位阐释不平凡

——记厦门大学人文学院秘书陈磊明

陈磊明　管理学学士，2002 年至今就职于厦门大学人文学院，先后从事教学秘书与行政秘书工作。2004 年荣获校“优秀教务工作者”一等奖，2006 年因在迎接 2005 年教育部本科教学工作水平评估的评建工作中贡献突出，特予表彰。2006 年被评为校“2004—2006 年度优秀共产党员”。2014 年荣获校年度“厦航奖教金”。2016 年在厦门大学建校 95 周年庆祝活动中表现突出，被授予“优秀工作者”。2018 年在第四届中国“互联网 +”大学生创新创业大赛筹办工作中表现突出，被评为先进个人。2017 年，随学校党政人员海外研修团前往英国纽卡斯尔大学研修，与其他老师共同撰写的《纽卡斯尔大学行政管理服务的经验及启示》一文，发表于《厦大党政工作研究》。2019 年被学院推荐参评校工会优秀积极分子。

“那是我对她的第一印象，真的非常感动”

六年前接过陈老师的接力棒、成为教学秘书的江丽陈，始终没有忘却第一次见到陈磊明时内心涌起的感激。

当年，厦门大学大一大二的学生都在漳州校区读书，而院系的办公室却在思明校区。往日交通还远不及今日发达，来往两校区之间总避免不了舟车劳顿。作为学习委员的江丽陈，正巧有一些琐事要去思明校区办，便联系了教秘陈磊明。她本想着，得赶在两节课中间掐着时间赶紧去一趟，没想到陈磊明主动说："你们学业压力重，不如我来漳州帮你处理。"

"即使她的工作十分繁忙，"江丽陈老师说，"但她总是积极主动地为学生考虑。"

认真、缜密、谦虚、有责任感，面对老师与同学时总是亲切地微笑。从 2002 年她来厦大工作第一天起，便凭着"既然做了就一定要做到最好"的决心与拼劲，尽心尽力于近二十年烦琐的基层服务工作。从教学秘书到行政秘书，事无巨细，庞杂琐碎的工作，反而是激发了她更大的工作责任心、积极的工作热情。

她，便是人文学院的行政秘书陈磊明，用数十年如一日的兢兢业业、面对突发棘手事件的沉着冷静，诠释着平凡的岗位上不平凡的担当。

"既然做了就一定要做到最好"

17 年前，进入职场不长时间的陈磊明来到厦大人文学院担任教学秘书工作。对于她来说，这是一片未经探索过的新领域，接手工作之初，琐粹又繁重的教学管理事务让她手忙脚乱，于是她牺牲休息时间，主动加班加点。当夜幕悄然降临，偌大的校园里渐渐除却了纷扰，而她依旧埋头于一盏光亮、一台电脑、几叠文件。"这是一个必然的过程。"她笑着说。这一份认真也得到了学校教务处、院系领导、老师、学生的肯定，在工作的第二年，她便获得了"优秀教务工作者"一等奖。

"她的认真是出了名的。"陈磊明老师的同事朱艺楚如是评价道。朱老师谈到，在此前她们聊天时，陈磊明偶然说起她学生时代几乎每篇论文都要进行近一年的构思与准备。这给朱艺楚留下了很深的印象，"当时大学论文的标准远没现在严格，但她对自己的要求素来很高"。

这种自律、担当与责任感，在 95 周年校庆期间陈磊明细致入微的工作上表现得尤为突出。校庆期间，陈磊明负责接待已经耄耋之年的许怀中校友。她和两位志愿者学生组成接待小组，三对一全程服务。细节看似不足挂齿，但想要处处做好并不是一件容易的事：接送、借用会议室、安排并联络出席座谈会的院系领导、退休教师代表、采购茶点、关注老学长的身体状况等，把学校对于老校友的关心、爱护之意充分地传递给他们。通过不到 3 天的短短相处，许怀中学长及其陪同人员（哲学系 1985 届学长）与接待小组产生了深深的感情。“在我们三人送别他们到厦门站的时候，他和我们紧紧地握手。”陈磊明老师说道。在离开学校一周后，许怀中学长还把所著的《山海交响》一书分别邮寄赠送给陈磊明和两位学生志愿者。短短的几日接待工作虽然辛苦，但是老学长对学校的爱却深深激荡在陈磊明心中，也同样鼓舞着她无私奉献的心。

“老吾老以及人之老”

工会工作可谓是一项“良心活”，不只是组织活动这么简单，更需要在日常的生活中对老师们“嘘寒问暖”，特别是离退休老师。离退休老同志是人文学院发展的财富，为院系的改革建设发展做出了巨大贡献。关心关爱离退休教师一直是人文学院的重点之一。中文系历史悠久，老教师多，现有近 50 名退休教师，且多为高龄教师，存在不同的困难情况，陈磊明老师总是亲力亲为，了解每位老师的困难并有针对性地提供帮扶。

2015 年 10 月 15 日清晨，海滨校门的保安发现一名老人在校园外独自行走，神情恍惚，便将老人带至保安亭休息。随后得知老人是人文学院中文系语言学退休教师张次曼副教授。陈磊明老师接到信息后，与李焱老师第一时间赶至海滨校门。当天下午，他们在搀扶张老师起床吃饭的时候发现他行走困难，便赶紧叫了 120，将其送至厦门市第一医院急救室。当陈磊明坐在急救室门口，看着抢救室明灭闪烁的灯光，内心充满了焦灼与煎熬，一是担心张老师有什么意外，二是为无配偶、无子女，又无近亲属在本地的张老师后续的生活起居感到担忧。医生告诉他们，老人身患急性肾衰、高钾及肾重积水，随时有生命危险。经过一段时间的治疗，张老师的身体情况有所好转，医院方面催促老人出院，但亲属却不愿意来厦照顾。张老师因为对养老院有所顾虑，不愿听从学院建议入住养老院。陈磊明老师对此十分焦心，主动承担起责任，一方面与张老师外地的亲属积极联系，另一方面则在学院领导的支持，院团委的大力配合下，在张老师出院后的一段很长时间里，陈磊明和学院志愿者、中文系工会小组长一起承担了照顾他的饮食起居、定期上医院换药等琐事，给予他家人般的关照。

考虑到张老师的特殊情况，让他入住养老院是最好的养老方式。对此，校工会法律顾问潘老师表示，张老师入养老院不能由单位自行决定，必须得到张老师本人的同意或法定监护人授权。于是陈磊明在长达数月的时间里，不厌其烦地与张老师亲属进行“斗智斗勇”的沟通，同时四处打听、联系服务优质的养老院，努力做张老师的思想工作。

2016 年年初，还未等到亲属来厦接手，张老师的病情又一次恶化，再次被送

陈磊明

到厦门市第一医院抢救。所幸陈磊明与其他老师的工作终于获得了成效：再次与张老师亲属联系后，张老师的侄女来厦承担起监护任务，在第一医院 ICU 治疗了一个春节后，张老师最终在亲属护送下入住了养老院。在厦大海滨校门走失五个月之后，在各方的共同努力下，张次曼老师最终有了一个比较理想的养护之所。

2017 年年初，人文学院圆满解决这个危机的经验得到了张彦书记的高度评价，他在会上对于陈磊明老师在这件事件处理过程中的优秀表现予以了肯定。

“我从事的工作很普通，没有什么大成就，不值得一提。”陈老师谦虚地说，“习总书记的这句话——功成不必在我，功成一定有我，可能就是对我平凡工作最大激励吧！”把烦琐的行政工作安排得有条不紊，面对突发情况沉着应对，做院系领导的好助手，在平凡的岗位上，陈磊明老师一直在阐释着不平凡的付出。

（撰稿人 \ 人文学院 2018 级本科生　李一诺）

一位“有爱的”温暖使者

——记厦门大学新闻传播学院工会主席迟月利

迟月利

厦门大学新闻传播学院实验中心高级工程师。2004 年进入厦门大学新闻系，2017 年起担任新闻传播学院工会主席。作为工会主席，她发挥工会作用，关心教职工，为他们办实事；作为教师，她在日常授课的同时，兼任学校凤凰花影社指导老师，与学生“打成一片”，引导学生树立正确的价值观。从教十五年，在工作中勤恳敬业，积极投身教学和社会服务，勇于探索实践创新。获厦门大学 2016 年“我最喜爱的十位老师”荣誉称号。

“她就像一颗定心丸，让人很踏实。”在厦门大学新闻传播学院师生的眼中，有这样一位温暖使者，大家都称她“迟妈”，在工作中风风火火，生活中又温暖亲切，她就是新闻传播学院工会主席、高级工程师迟月利。

服务工会，做好“娘家人”

一个学院的凝聚力，在迟月利眼中，是学院工作的重要一环。而作为院里的工会主席，在她看来，工会最重要的一个职能就是凝聚人心。

“我们人不多，向心力、凝聚力都很强。大家有什么事情的话，能够很快地凑起来，真的是聚是一把火的那种感觉。”闲暇或适逢节日时，迟月利会组织春游、打球等活动。今年三八妇女节，她就在学院组织举办了插花活动，得到大家的欢迎。在她看来，这些活动让学院有了一种“大家庭”的感觉，“我们之间有点像兄弟姐妹，谁家小孩老人都认识，真的是其乐融融的一个大家庭。”

除此之外，关爱退休老教师，也是迟月利工会工作的一项重点。前几年，每逢重阳节，她都会组织老教师们出门游玩，登高望远。后来慢慢随着老人们年纪大了，就逐渐改变形式，去登门拜访。对于生病的老人，她也会在春节特地去探望。“我们对老教师是特别关心、关怀的，总觉得他们是我们的一部分，平常心里边也很挂念他们。”在迟月利看来，老教师与学院之间存在着一个很深的情感连接点。因此，每年重阳节和春节，无论多忙，她总是会抽出时间去拜访他们，表达心意。

“她总是给人一种‘大姐大’的感觉，我们在一起，她会把什么事情都给你安排好，不管是在情绪上还是在生活具体的事情上，她都是一个特别会照顾大家的人。”新闻传播实验中心工程师张雨歌这样形容她。

诚然，在迟月利看来，工会工作就是要做好“服务员”，要懂得照顾别人。具体来说，就是要为学院老师们传递一份温暖和支撑，“你不能指导他发论文，也不能帮他申请课题，但是你能做到的是给他一种心里的舒适感。让他知道，遇到困难，学院是会为他撑腰的。”在她看来，做好学院老师们的“娘家人”，也是工会服务的一个目的。

与生为友，做好“大家长”

“说严厉也不严厉，说温柔也不温柔，就很像是妈妈的那种感觉。”从“小迟老师”到“迟妈”，在这学生之间口口相传的称呼里，包含了一份独有的亲切感。而“迟妈”在新闻传播实验中心一楼的办公室，也成为学生们常常踏足的地方。

“其实学生就像孩子一样，谁陪他时间长，他就喜欢跟谁在一块儿。”迟月利在实验中心负责设备维护和借入借出等相关工作。她在日常授课之余，还兼任凤凰花影社的老师，为对影视创作感兴趣的同学提供指导。从课上教学到课下剧本的讨论，她总是与学生在一起。她认为，这便是师生之间“朋友”关系形成的起点，

迟月利

“他们熟悉我，我也熟悉他们，有时候讲话就会比较放松一些，亲切一些”。在她看来，自己能获“我最喜爱的十位老师”称号，与自己的工作环境和与学生广泛的“接触面”有很大关系。

教书育人，“育人”二字，也是迟月利尤为看重的事情。她看到，成长在快速发展社会的年青一代，总会把“付出”与“得到”看作一对理所应当的因果关系。很多学生在学习过程中太过急于求成，她也常常加以引导，让学生明白，自己学习是为了谁、为了什么，以及将来要做什么。“毕竟我年纪大嘛，给大家做一些指导，让他们明白，其实文科的投入产出是一个长期的过程，它是偏向于基础性、素养性的收获。引导大家理解，很多时候可能不能立马得到一个实际的回报，但其实都是在投资自己，让自己成长。”

在学生们眼中，迟月利就像“大家长”一般的存在，是让人信任的“大家长”。2016 级广播电视专业的杜颍莹刚刚保研到自己心仪的学校，回想起自己曾经面临人生分岔路口的艰难选择，她说，是迟月利老师的一句话让她下定了最后的决心：“只要你能吃得了苦，就要做自己喜欢的事情。”这句话让她找到了方向，明晰了未来。

自省自爱，做个“乐天派”

“她在生活中是一个非常可爱，又很有少女心的人，跟同事学生都能打成一片，与学生很贴近，因为她一直保持着一个很年轻的状态。”除了向身边人传递温暖，在同事、学生们的眼中，迟月利也是一个热爱生活、懂得生活的人。

闲暇时间，迟月利最喜欢看电影和去旅行。在她看来，看电影能够打开自己的思维，给自己创造无限的可能性，“一方面是为了工作，另一方面也是因为爱好，在看一部好电影的时候，忽然间觉得叹为观止，发现原来有这么多东西可以学习。”旅行对她来说，能够跳出日常，能够扩展见识，能够改变自己身上固执狭隘的那一部分，“当你跳出日常再看自己，当你到了陌生的地方、看了陌生的人的时候，你就会想，自己也曾经是这个样子，就会有新的感悟和认识。”

十五年光阴如梭，她在育人的同时，也不忘自省。她越来越感受到，当下的时代是年轻人的时代，而自己也开始越来越多地倾听年轻人的观点和看法。“很多东西我可能不是很清楚的时候，我要跟他们学习一下，先不要那么急着说我这个是对的，可能他们是对的，因为那个东西是我不清楚的。”

思维在变，但初心不变。迟月利脑海中印象最深的，是几年前的那个夜晚，她和学生们一起，齐心协力把近十米的拍摄轨道搬到上弦场，大家围成一个巨大的心形，拍摄“三七”女生节短片的最后一个大场景。“我到现在想起来，还是很开心，因为那是大家喜欢做的事情。那时候影社还没有成立，但是所有人一起做成一件事情，这就是最开始的一个初心。”多年后，每当想起那个情景，迟月利都会感受到那份纯粹的快乐。

泰戈尔有一首诗写道：“果实的事业是沉重的，花的事业是甜美的，但是请让我做叶的事业吧。叶是谦逊的、专心的、垂着绿荫的。”这或许就是对迟月利最好的诠释。

（撰稿人 \ 新闻传播学院 2016 级本科生　赵学真）

勇挑重担促发展，奋进彰显巾帼风

——记厦门大学国际学院工会主席戴玉

戴玉　国际学院办公室副主任、工会主席。从厦门大学国际学院创办之日起，戴玉就开始在学院工作。十四年来，她始终以学院发展大局为重，扎根在行政管理服务的第一线，把一颗火热的心和满腔炽烈的爱，全身心地投入到工作中，兢兢业业，无私奉献，得到了师生的一致好评。

走在前、作表率，圆满完成各项任务

2005 年 4 月，厦门大学国际学院正式成立。从学院成立之初，戴玉老师便成为国际学院的一分子，这一待便是十四年。

戴玉始终认为，只有高举思想旗帜，强化理论武装，围绕中心工作，推动党建和业务深度融合，办公室的各项行政工作才能找准方向与定位。为此，她积极参加政治理论学习，认真学习党章党规、系列讲话和《工会法》《劳动法》等重要精神及相关政策，补足精神之“钙”，奠定坚实理论基础。她围绕学院事业发展，不断总结经验，深入了解师生所思所想，敢于直面重点难点问题，表现出强烈的事业心和责任感。

“学院成长，我也在成长，在这过程中，挑战与幸福并肩。”带着对岁月的回忆，

满怀着对国际学院的深厚情感，这是戴玉老师对自己十四年来的工作总结。2005年5月，国际学院成立，那时高考临近，等到开始招生高考已经结束。为推进学院的顺利发展，戴玉老师与她的同事四处奔走，在厦门，在漳州，在福建各地，四处宣讲国际学院的招生计划，力争为学院招收学员，终于迎来了第一批30多名学生。“特别感谢戴玉老师的招生宣讲，没有戴玉老师的宣讲，就没有我的今天。”一名国际学院的毕业生对当年的事情充满了感激，“这个学院给了大家很好的平台。”

2013年8月，海外教育学院/国际学院从思明校区、漳州校区搬迁至翔安校区。这是一个新的起点，戴玉在心里暗下决心：要想把搬迁工作做好，就必须毫无顾忌地投身到工作中，尽心竭力地干好每一件事，处理好每一个细节。搬迁前后，戴玉一直负责学院教学楼的二次装修工程，经常加班加点，积极参与改造教室，装修教师工作室、画室、珠宝工作室、服装工作室、茶水间、咖啡厅、展厅等多个项目，为全院师生创造良好的工作学习环境。

办公室是学院行政的枢纽和对外的窗口，工作人员的言行代表着学院的面貌和形象。行政工作十分复杂琐碎，在同事的眼中，戴玉是一个聪慧干练的“大忙人”和“贴心人”，一直为学院的建设发展献计献策。她严格要求自己，组织协调能力强，工作积极主动，业务水平高，热情服务，不计得失，有条不紊，冲锋在前，任劳任怨，与同事情同手足，带领大家在团结友好氛围中投身工作，提高工作效率，创新工作方法，真正体现了“我爱我家”的团队协作精神。

勇担当、重落实，扎实推进工会工作

戴玉同志历任学院部门工会女工委员、妇委会委员、工会主席。她以“关心教工、服务教工、发展教工”为工作重点，主动承担，务实肯干，联系服务群众，勇于探索实践、善于总结经验，不断提升教职工幸福感和满意度，增强教职工的凝聚力，为打造师德师风高尚、业务素质精良、生活健康向上的教师队伍发挥了重要作用。

“从群众中来、到群众中去的工作方法不能变。”在工会工作中，戴玉注重加强对教职工的思想政治引领，与时俱进、改革创新，勇于担当、锐意进取，积极作为、真抓实干，不断开创学院工会工作新局面。

坚持以人为本，关心会员生活。一直以来，戴玉把教职工的利益放在第一位，重视对教职工的慰问和帮扶工作，日常积极走访，及时了解教职工的生活和工作状况。积极参加探访生病教职工、慰问结婚生子的老师等活动；及时帮助困难职工解决实际问题，反映教职工的意见建议，切实维护职工的合法权益，在职工和学院及学校间发挥了积极的桥梁纽带作用。

突出载体建设，凝聚团队精神。戴玉积极组织教职工参加学校的迎新年联欢晚会、游园、运动会、趣味运动会等文体活动；组织协调各届教师教学技能大赛、演化语言学国际研讨会、国际教育项目高校交流会和国际学院十周年院庆、海外教育学院六十周年院庆等多项重要活动；参与策划组织学院迎新年联欢晚会、青年教职工联谊活动、庆三八妇女节活动、敬老节活动等；努力打造温馨多彩的“工会之家”，建好“妈妈小屋”、气排球、羽毛球、乒乓球场地，购置运动设施，鼓励引导教职工积极参加各类赛事，促进融洽和谐，丰富文化生活，激发勇于拼搏的精神。

注重统筹兼顾，助推工会建设。戴玉紧紧围绕学校、学院中心工作，服务学校教育教学，积极参与学院工会建设，不断完善各项规章制度，有效提升了工会工作科学化、规范化管理水平。不断强化参与职能，落实教职工民主管理，深化校务公开，推进工会民主化进程，保障教职工的合法权益，努力把学院工会建设成组织健全、维权到位、工作规范、作用明显、教职工满意的教职工之家。

做贡献、创佳绩，成效突出屡获表彰

戴玉组织纪律性强，为人正派，爱岗敬业，顾全大局，在管理和服务岗位上深耕多年，砥砺奋进，积累了丰富的工作经验，起到模范带头作用，做出积极贡献，业绩突出，彰显了巾帼风采，获得师生们的一致认可和各级表彰。

在 2018 年的招生工作中，戴玉科学调度，牵头制订招生计划、招生简章、招生宣传和策划家长见面会、校园开放日、招生说明会等多场招生活动。5 月到 9 月期间，戴玉和全体行政人员一起赴全国各地参加招生宣讲，人均加班天数达 27 天。辛勤的汗水换来了丰硕的成果，国际学院都柏林项目录取 179 人；自主项目录取

戴玉

667 人，超去年同期 89 人，增幅达 22%，为学院的拓宽办学渠道，扩大办学规模做出重大贡献。

从当年的三十多个新生到如今的两千余名学生，从十几个同事到现在的教学团队，从以前的艰难探索到如今的辉煌成就。这十四年戴玉老师与国际学院风雨兼程，获得成长。她辛勤的工作得到充分肯定，近年来获得许多荣誉：2014 年获评厦门大学工会工作先进个人，2015 年获评厦门大学体育工作先进个人，2016 年获厦门大学中国建设银行奖教金，2018 年荣获厦门大学优秀共产党员称号。

她，用尽全力，助学院发展；她，播种爱心，促学生成长；她，不辞辛劳，帮同事成功。戴玉坚信，获得的众多荣誉，只能代表过去，鲜花和掌声的背后，是超越自我的信念，是平凡的岗位下那一份坚毅和执着。

（撰稿人 \ 公共事务学院 2018 级本科生　易韵）

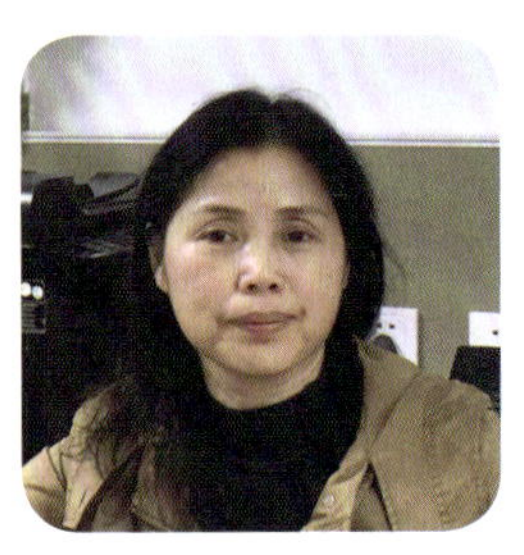

学生事事心中放，工作时时放心中

——记厦门大学管理学院教学秘书林爱珍

林爱珍 现任厦门大学管理学院教学工作办公室副主任。她在基层工作岗位上兢兢业业坚守了二十六年，一直以高标准要求自己，将工作放在第一位。1997 年被评为厦门大学档案管理工作先进工作者，2004 年被评为厦门大学优秀教务工作者，2005 年在教育部本科教学评估中因“评建工作贡献突出”受到学校表彰，2003—2006 年被评为厦门大学优秀教务工作者，2014 年荣获厦门大学第五届优秀本科教务工作者，2015 年获福建省普通高等学校优秀教务工作者，2016 年荣获厦门大学第六届优秀教务工作者，2019 年荣获厦门大学第七届优秀本科教务工作者等。

每个学院，都有这样一群人，他们管理着学院里的教学事务，为学生们的学业保驾护航。他们就是默默无闻却保证着学院良好教学秩序的教学秘书。管理学院教学工作办公室副主任林爱珍就是其中一员。从 1993 年担任管理学院会计系的教学秘书至今，她已经在这个工作岗位上默默奉献了 26 个年头。她对工作满腔热情，深受学生们的喜爱，也得到了同事、领导的认可。

勤恳负责的好教秘

1993 年开始，林爱珍担任会计系的教学秘书，一直到 2013 年招生政策改成了大类招生，她转做学院大类的教学秘书。

烦琐、细碎是教学秘书工作的特点，有些特殊敏感的工作还十分复杂。专业分流事关学生切身利益，学生和家长高度关注 。2013 年，学校开始推行大类招生制度改革时，管理学院大一、大二两个年级的学生没有经过分流，都属于工商管理类，所以分流时学生数量非常多。由于关注度高，政策性强，分流工作的复杂性之强、工作压力之大是可以想象的。但讲起自己的这段工作经历，她却显得很平静：“学生和家长高度关注，我们只能把工作做得更细更好。”

作为管理学院的教学秘书，学院几乎所有教学事务都在林爱珍的工作范围内。在这些工作中，有很大一部分有着规律性，每个阶段都有既定的工作安排，需要教学秘书按部就班地做好每一项任务。同时这些事务又很烦琐，每项工作都需要做到精准细致，不允许出半点差错。此外，一些突发性事件也需要教学秘书去做，比如任课教师遇到突发状况不能及时到规定教室上课，该教师就需要向教学秘书反映情况，教学秘书再进一步处理。虽然事务繁杂，林爱珍却能将每一项工作都完成得有条不紊，鲜有出错。

关爱学生的温暖老师

林爱珍在教学秘书的工作岗位上一做就是 26 年，与很多学生有过交集，她始终秉持着认真负责的初心，帮助学生解决学习生活中出现的各种问题，与很多学生建立了深厚的情谊。

作为一名母亲，林爱珍能够从家长的角度去关爱学生。她说：“考进管理学院的学生都很优秀。家长把自己的孩子送到厦大来，就是信任学校和老师，我们理所应当对孩子负责，这也是对家长负责。”有些学生碰到问题的时候，不一定会和家长说，他们担心父母无法帮忙解决具体问题还跟着干着急，于是更愿意向身边老师

林爱珍

求助。“让每个学生平稳顺利完成学业，是我们的责任。”林爱珍说。

找林爱珍谈话的学生大都是学业上遇到困难的。一届届学生口口相传，他们对林爱珍老师很是信任。“关于学业问题，我会尽力帮助你。”林爱珍总是这样回应每一个前来寻求帮助的学生，永远不厌其烦。

2017 级会计系的董永斌，就是得到林爱珍老师耐心解答和帮助的其中一位。他说：“林老师有着良好的业务知识储备，对学生十分耐心、细心，令我非常感动。”

每当有学生前来请教学业问题时，她总是建议学生多修一些学分，避免毕业审核时因为意外学分不够影响按时毕业。“学院里有很多知名的专家学者给同学们开设了各种方向的专业课程，大家就应该多听、多学，要好好珍惜在学校里学习听课的机会，很多人走上工作岗位之后还要回来进修。”林爱珍会站在学生的角度，用朴实的言语为学生指点迷津。几乎所有管理学院的学生都与林爱珍有过交集，学生们眼中的她就是这样一个认真负责、为大家着想的好老师。

众人认可的优秀员工

作为一名教学秘书，林爱珍对业务十分熟练，各项教学规章制度都解读得十分透彻，本来九月份就是林爱珍退休的时间了，但是学院又返聘了她，她表示："这是学院领导以及同事对我的信任，我会一如既往地做好自己的工作，不辜负这份信任。"

林爱珍在 26 个年头的工作经历中获得了多项荣誉，但是在谈及对哪个奖项印象最为深刻时，她的回答让人有些意外："今年（2019 年）九月份，我受邀参加 1995 级会计系学生毕业 20 周年聚会，活动召集人说：'同学们对今天到现场的老师并不全都认识，但是全场两百多人，都记得您！'我很感动。我不过是一名默默无闻的教学秘书，被同学们记着 20 年，这是我印象最深，也是最美好的奖励。"

林爱珍曾经获评 2015 年度"福建省普通高等学校优秀教务工作者"，这也是最能证明她工作成绩的奖项。林爱珍凭借自己优秀的业务能力与认真负责的工作态度，被学院、学校推荐并获得了这项荣誉，这也是领导以及同事对她工作的一种认可。

"教学秘书的工作虽然辛苦、琐碎，但它仍然是教书育人的重要组成部分。尊重这份工作，才能把它做好。"正是秉持着这样一种低调却又执着的态度，林爱珍帮助无数管院学子顺利完成本科学业。她不图学生回报，用自己的辛勤付出换得学院教学工作的顺利开展，同时也得到了同事以及领导的认可，让自己在平凡的岗位上做出不平凡的成绩。

（撰稿人 \ 管理学院 2018 级本科生　刘子宇）

心系师生，十载奉献

——记厦门大学法学院教学秘书陈丽清

陈丽清

1988 年 7 月入职厦门大学。2008 年起担任法学院本科教学秘书，至今已有 11 年。入职以来，她认真履行岗位职责，踏实做好各项教学服务工作。在她的眼中，教学工作无小事。工作中的她，吃苦耐劳，认真对待每一项日常工作；耐心细致，注意理清思路，找准重点，及时高效地完成每一项工作，为师生提供良好的教学环境。

她是同学们“最熟悉的人”，选课、交流，学习事务都要找她；她是老师们“最信任的人”，排课、调课，教学事务离不开她。走廊上、楼梯间，抱着资料的她常常行色匆匆；会议上、工作中，解答问题的她总是满面笑容……她就是法学院本科教学秘书——陈丽清。

“作为一名教学秘书，我虽然无法达到教授一样的高度，但是我也要尽力去做好每一件事。”秉承这样的精神，她在基层岗位发光发热，在收获一次次小欢喜的同时，带给学生们一份份关怀。陈丽清说，为老师、学生办好一件事、解决一个难题，过程可能很辛苦，但很有成就感。作为本科教学秘书，及时做好学校、学院、老师与学生之间的有效沟通，是自己的义务所在。为此，她不断学习，努力适应新的工作要求，活到老学到老，不忘初心，积极配合学院领导进行日常教学管理，上传下达及时准确、客观公正，以强烈的责任意识、不计个人得失、全心全意地投入工作，获得学院上下一致好评。

脚踏实地，小目标也有大学问

入厦三十年，陈丽清经历的岗位可谓繁多。从实验室到计算机房，从集控室到办公室，变化的是岗位，不变的是对学习的热忱。初到机房的她，对计算机一窍不通，“遇到不会的东西，那就学喽，学一学就会了，活到老学到老嘛”。怀揣这种信念，陈丽清努力学习视频剪辑等技能，在为学生提供学习资料的同时，还将老教授从黔南带回来的资料成功转为视频，留下了宝贵的研究资料。“看到他那么高兴，我忽然感觉很有成就感。”提起这段往事，陈老师笑着说道。

谈及成为本科生教学秘书的契机，陈丽清的脸上不禁浮现出笑容，言语也越发幽默：“2008 年的时候，法学院的教学秘书突然离职，书记就找到了当时负责集控室的我，希望我来暂时顶替一下。没想到，这一顶替，就走不了了。”刚刚接手这一工作时，她也有过一段“手忙脚乱”的时光。课程计划的安排、培养方案的制定、各种消息的传达、诸多档案的整理……繁杂的事务和数不胜数的突发情况，让她有些无所适从，而工作对象与方式的变化，更是为她带来了不小的压力。“后来我就在想，我这样烦恼有用吗？并没有，事情还是那么多，就不如静下心来逐件完成。”

短暂的苦恼过后，她开始寻找解决问题的方法。时间不够用，那就提高效率、合理分配时间。“公车上、睡觉前，这些闲暇时间都不能放过。预想一下第二天的任务：文件的内容是什么，该怎样排版，通知的对象有哪些？把已知的事项筹划好，在学生午休时完成，就可以把工作时间留给来咨询问题的老师和同学。”谈起这些节省时间的小妙招，她如数家珍。而充分的准备与真诚的付出，也为她赢得了同学们的爱戴。“无论什么时候，陈老师总是在办公室，我的问题总是可以得到及时的解决，她真的帮了我很多。”一位交流生深情地说。

谈到自己的工作目标，陈丽清没有丝毫的犹豫：“我并没有树立很大的目标，我觉得我的目标就是要把自己的任务做好，做到问心无愧。只要把我的小目标完成，我就获得了一份小欢喜。”

积极乐观，生活中总有小确幸

作为本科生教学秘书，陈丽清将学生视为自己的孩子，子女的牵挂总会让她心生感动。“不久前，我接到了一个来自美国的电话。刚一接通，那边的人就问我‘陈老师，您还记得我吗？’我有点疑惑，没有立刻回答，那个女生又说‘我是2012届的本科生，今天在整理文件的时候看到了您在成绩单上的签名，忽然想起您在我办理出国手续的时候帮了我很多。明天我就要结婚了，我想我一定要和您分享这个喜悦，真的很谢谢您！’”回忆起当时的场景，陈丽清眼角眉梢都带上了笑意。“那一刻，我真的好感动。”“如果我的工作可以给别人带来帮助，我就会感觉自己的付出是有价值的，这种感动也在支撑着我不断地前行。”

陈丽清

然而，随着年龄的增长，情绪上的变化不可避免。“有一段时间，面对学生的问题，我总会十分的烦躁，不愿意去回答。但是冷静下来之后又觉得这样对学生们很不公平。我的情绪为什么要影响到他们呢？”为了解决这一问题，她开始向同龄人寻求建议。“和老师们交流之后，我发现沟通是排解不良情绪的最佳途径。在那之后，我试着增加与家人的交流时间，把负面情绪抒发出来。第二天，我就又可以以平和的心态对待工作，用微笑服务师生。”

突破自我，交流让生活更美好

作为师生与学院之间的“桥梁”，教学秘书承担着信息上传下达的重要任务。想要圆满完成这一任务，良好的交流能力必不可少。对于习惯了与机器打交道的她来说，这着实是个不小的挑战。从起初的不知所措，到后来的如鱼得水，自我突破是成功“过关”的关键。“有一次，我需要一个毕业论文规范的范本，但是因为无从下手而很苦恼。忽然，我想到了一个毕业不久的同学，他的论文写得很好，脑子也灵活，也许会有办法。于是我就鼓起勇气给他打了一个电话。结果，他立刻就答应了。这真的是我没有想到的。通过这件事，我就在想，其实人真的要敢于沟通，一直憋在心里，事情永远也无法解决。”陈丽清认为，交流是生活的一门必修课。与学生交流，可以使思想更加活跃，发现解决问题的新思路新方法。在采访中，她再三强调：“本科生也要学会交流，勇于说出自己的疑惑与想法，这真的很重要”。

“对待工作就要真心实意，为老师服务，为同学服务，这就是我的想法。”这是陈老师的自白，也是每一个兢兢业业的厦大人的自白。

（撰稿人 \ 法学院 2018 级本科生　张益）

于无色处见繁花

——记厦门大学公共事务学院科研秘书陈素蜜

陈素蜜　厦门大学公共事务学院科研秘书，中共党员。曾获厦门大学2013年度中国银行奖教金，厦门大学2015年度“文科科研管理先进工作者”二等奖，厦门大学创先争优优秀党员等。担任科研秘书工作期间，始终能以饱满的工作热情，勤于思考，勇于创新，以“服务”为宗旨，认真完成本职工作。

“我没有什么伟大的先进事迹，只是一直以服务的心态去工作。”这是在采访过程中，陈素蜜老师经常提到的一句话。从教学秘书到科研秘书，陈素蜜已在厦门大学公共事务学院度过了十四年的时光。尽管从事这份职业已有多年，但在采访中，仍然能够感受到陈素蜜对这份工作的热爱。

勤于思考，勇于创新

“如何动员老师积极申报，并从行政人员的角度让老师的申报书做得更好，优中选优，提高其命中率，这是我们的工作之一。”对于科研秘书的工作，陈素蜜如是说到。

她将动员工作分为广泛性动员与针对性动员，首先通过群发邮件，其次从选题的适合性、职称评定的急需性等多个方面对不同情况的老师进行针对性动员。而对于往年尝试申报过却失败的老师，她同样会积极鼓励。“每次开始申报之前，我都会先仔细研究申报课题指南，思考该动员哪些老师，该采用什么方式动员。”从面到点，因人制宜的动员方式，也取得了显著成效，公共事务学院近年科研项目、经费均保持良好增长势头，2015 年度公共事务学院教育部人文社会科学研究项目立项数全校第一，2018 年学院的省部级以上科研获奖数和重大项目的立项数均创历年新高。

在日常工作中，细心的陈素蜜注意到数据提取的不便。有统计学基础的她决定建立全院的科研相关数据库。通过网络查阅、社科处的统计年鉴、老师的最终核对等途径，她从无到有，建立了全院教师个人学术档案；整理并汇总建院以来全院的科研项目、科研经费、科研获奖、科研成果等清单，并做好数据统计与分析工作；定期将科研管理相关制度汇编成册。尽管有时上级只要求上交统计表，但她在数据库中也录入了详细的清单。“因为数据时常会有更新，比如有的已发表的文章会被新华文摘转载，那么就从一般刊物变成最优刊物。清单的录入则避免了重复统计，也可以及时补充更改，满足不同部门的要求。”数据库的建立极大地提高了工作效率，同时因为相关证书早已被提前扫描归档，老师们也无须随身携带证书，这也使老师科研课题的申报、立项、结题更为便捷，甚至不少老师感叹“素蜜这里的个人档案比我自己保存的材料还完整”。

“有一次要写公共服务质量基地年度报告总结，因为省里是第一次要求，没有任何的文本参照。我只能对照要求去思考制作，准备材料。后来学校认可我的报告，将其作为统一的标准模板，最后也被作为省里的统一模板。”陈素蜜说道。

从科研课题的申报动员到科研相关数据库的建立，从报告撰写到向相关部门提出各类建议，陈素蜜始终从服务的角度尽量“精细化思考”。勤于思考，勇于创新，这也是她在工作中所坚持的工作习惯与态度。

细心耐心，两心并用

“除了搜集整理科研课题、获奖等信息，我还会记录下来我院学术交流的外校专家银行卡等信息。”在采访中，陈老师指着电脑中的文档解释道。正如同事对其的评价：“她在工作中非常细致认真，即使是烦琐的事务性工作，也仍旧耐心细心。”

在课题申报中，不同于直接将空白表格及相关要求打包发送，她将老师们常出现错误的地方汇总制作成表格范例，把这个作为附录一起发送，以减少老师的负担。而有些年纪比较大的老师，不太善于申报书格式排版，她便不厌其烦地帮忙其修改调整其细节。对于申报书中的矛盾缺漏，她也尽量提出自己比较专业的意见。因其在修改申报书时的严谨认真，老师们常戏称她为“火眼金睛”。在日常转发通知邮件时，直接点击“转发”或许是大多人的常态，而陈素蜜则会将文件关键信息提取出来写在邮件开头，并在邮件标题标明相关开始或截止日期。

在成为科研秘书前，陈素蜜承担的是研究生教学秘书的工作。在这期间，她面临着公共事务学院历年以来最复杂的硕士学生群体。除了多个专业的全日制硕士，还有单考及 MPA 的在职研究生。不同的培养计划、不同的学习时间……庞大复杂的学生群体，给陈素蜜的工作带来了一定的困难，为了把事情做好，她不得不牺牲许多节假日时间。

劳动节、国庆节假日期间，是陈素蜜最为繁忙的时候。此时单考的硕士生从全国各地赶来上课，但由于没有专门的辅导员，在负责他们的学习安排之外，陈素蜜还要安排他们的生活——住宿酒店的申请预约、机动车的出入通行证、异地看病的社保问题……对她工作的繁忙程度，家人有时也会表示不理解，但正如陈素蜜在采访中提到的：“我对于自己的定位是服务学生和老师的工作人员，这就是我的工作，即使忙碌烦琐，也总是要耐心完成。”

考虑长远，未雨绸缪

“即使是最简单的工作，也需要具备忧患意识。”

学生每学期所修的课程学分，关系到其是否能够顺利毕业。在研二开学之前，尽管无人要求，但作为教学秘书的她总会提前查看每个学生的学分状况，并了解缺学分是因为哪些课程，然后再根据这个进行排课，以此确保每位学生都能如期毕业。

陈素蜜

教学秘书的工作经历，培养了陈素蜜从学科建设角度思考问题的意识。在数据库的建立中，除了搜集完善本职工作所需的相关数据之外，她还会有意识地归类存档与学科建设相关的证书资料。无法扫描获取的证书，她则将相关网址保存。在每一轮新的学科评估之前，尽管没有任何要求，她总是会将新一轮与上一轮的学科评估对比，并在对现状分析之后补充相关建议。

当问及工作与当初的预想是否存在差距时，陈素蜜很坦然："的确是有点落差，毕竟从前的许多同学都走上了学术之路，而自己却走向了行政岗。"但她并不后悔，"一直以来我对自己的定位就是一名学校的普通工作人员，多思考、认真干，把自己的工作做好就很开心了。"

十四年间，她以服务为工作原则，以思考为创新动力，始终保持耐心细心。"于无声处听惊雷，于无色处见繁花"，或许这就是对陈素蜜工作的最好诠释。

（撰稿人 \ 公共事务学院 2018 级本科生　毛诗颖）

黎明即起，勤恳为善

——记厦门大学继续教育学院办公室主任肖佳

肖佳 厦门大学继续教育学院办公室主任兼党务秘书、院工会主席。文字功底强，组织协调能力强；关心职工，精心组织工会活动。工作表现出色，2009年、2010年、2011年获得学院及校级优秀称号，被评为厦门大学思明区人大代表换届选举工作积极分子，2017年被评为厦门大学工会优秀信息员，获得第四届中国“互联网+”大学生创新创业大赛筹办工作先进个人荣誉称号，2019年当选继续教育学院优秀共产党员。

深夜十一点，办公室里，键盘敲击声、低语讨论声，还有翻动文件窸窸窣窣声，此起彼伏，这间“不知疲倦”的屋子里正热火朝天地进行着刚刚接到的任务——准备项目申报材料。为了在规定时间赶出材料，办公室主任肖佳带领着她的团队仍坚守在工作岗位上，团队成员知道，尽管这项任务还有很多没有完成，今天可能会战斗到很晚，但肖佳一定会陪他们至最后一刻，有她在，就安心。在很多个寂静的夜晚，他们都是这样过来的。

“我是学院的一块砖，哪里需要哪里搬”

2008 年研究生毕业，肖佳进入继续教育学院做起了办公室秘书的工作，开始了她的工作生涯。“我们时常开玩笑说我们的工作是白加黑、五加二，一天二十四小时都没有停”，肖佳这段“玩笑话”的背后是他们的琐碎而又频繁的工作日常。主要负责 PPT 制作的郑老师感叹：“有的时候加班到凌晨一点多，肖老师还在给我发邮件，只要有什么紧急的事情都会非常投入地马上处理。”在继续教育学院资源建设与技术保障部的施主任眼里，加班加点是肖佳老师他们办公室的家常便饭。“事情多，八小时做不完，这不还有十六个小时呢！”常年高强度的工作她早已适应和坦然，还可以云淡风轻地开起玩笑。“因为你的日常工作要求是这样，为了符合工作岗位的高标准要求，你就得坚持。”她转而认真地说。

时刻保持手机在线，时刻关注各类通知，有重要工作任务时总是提前一个小时到位工作，办公室经常备着应对工作需要的服装鞋子……这些早已成为她的工作习惯。

原本对党务工作不熟悉的她，因为学院需要，又担负起党务秘书的重任。她说，“我不会”这句话，不鼓励大家说，任何岗位的变化都需要去适应新形势，暂时不会就要去学。肖佳将自己看作是学院的一块砖，一颗螺丝钉，“哪里需要，就往哪里搬，就在哪里支撑起来”。围绕中心、服务大局，一切围绕着学院工作开展，这是肖佳始终坚持的准则。

“培养梯队，培养人才，是我的工作任务之一”

“一个人能做的事情总是少的”，身兼院办主任、党务秘书以及工会主席多项职务的肖佳明白，团队的力量是强大的，不论是院办秘书还是工会委员，都是肖佳最亲密的战斗团队。每天九十点，肖佳所带领的工会委员都会固定地查看手机，接收肖佳在群里发布的工作信息，然后依据政策规定和工作要求商量着办；办公室的繁忙日常，肖佳和她的团队按照学院的要求，碰头商量，群策群力，分解执行任务，利用中午吃饭和坐班车的时间交流进展；一切听党指挥的原则要求党务工作要跟着上级党组织走，保质保量完成每月的固定动作和自选动作，团队的默契在这样一次次高效完成任务的过程中逐渐形成。

知人方能善用。在 2019 年学校开展的“我和我的祖国——厦门大学庆祝新中国成立 70 周年教职工合唱比赛”中，由于肖佳平常对学院教师较为熟悉，便能准确挑选出合适的人选，积极组织训练，做好各种保障。最终，学院获得了组织奖、优秀奖的荣誉。当然，这样的例子还有很多。

不光在“知人”方面炉火纯青，在“善用”方面肖佳也很出色。“我还有一个任务，就是培养梯队，培养适合岗位需要的人员，培养能干事、干成事，敢想事、敢干事的人，这是我的工作任务之一，”肖佳在谈到未来打算时这样说道，“首先要给他们一个平台去展现自己、丰富自己，这样对年轻人来讲也是好事。”她是这样说

肖佳

的，也是这样做的。在院办公室秘书李老师心目中肖佳像一个知心姐姐一样，愿意把光芒给其他团队成员，让大家去发光发亮，绽放异彩。

“工作家庭平衡是件难事，若要有偏移，我选择工作”

提起女儿，肖佳的眼神变得柔和。因为工作原因，她没办法接女儿上下学，上幼儿园的女儿很羡慕别的小朋友都有妈妈接送，回到家问肖佳：“妈妈什么时候能来接我一次？”肖佳把女儿抱在怀里：“对不起，妈妈在翔安工作，让爸爸去接吧，好吗？”“工作家庭平衡是件难事，若要有偏移，我选择工作。”肖佳淡淡地说道。“我女儿很棒，她现在刚上大班，钢琴三级都考过了！”肖佳一脸骄傲。

学院繁忙的工作加上办公场所的搬迁，肖佳把大部分的精力投入到工作中，而顾不上家庭，年幼的女儿主要依靠丈夫和父母照顾。尽管大部分时间都花在工作上，但她总是想办法抽出时间多陪孩子，留意孩子一点一滴的成长，努力成为一个好妈妈。

“相信学校所有同仁都与我一样，爱校，爱工作，爱我们的厦大。”肖佳始终认为她只是平凡岗位上的一员，而正是这些平凡又伟大的一群人，接过发展的接力棒，扛起建设学校的重担，始终坚守在平凡而又伟大的岗位，不久的将来，这批人又将接力棒递给新一代，薪尽火传，不知其尽。

（撰稿人 \ 公共事务学院 2018 级本科生　王海霞）

素手工于寻常务，韶华自将功勋镀

——记厦门大学材料学院党务秘书苏婵

苏婵　厦门大学材料学院党务秘书兼办公室副主任，材料学院妇委会委员。教育部关工委第二届“心中的感动”征文比赛优秀奖获得者，厦门大学第八届高等教育教学成果一等奖获得者，厦门大学“思明区人大代表换届选举工作积极分子”，厦门大学本科教学评估优秀个人，厦门大学 95 周年校庆优秀先进工作者，金砖国家领导人厦门会晤筹备和服务保障工作先进个人，厦门大学 2016—2018 年优秀党务工作者。两次获得厦门大学校庆奖，三次被评为厦门大学优秀研究生教育管理工作者。

学校工会组织的“我和我的祖国——厦门大学庆祝新中国成立 70 周年教职工合唱比赛”的后台，材料学院老师们精致的盘发引来围观，大家纷纷称赞，而这个做发型的幕后“巧手”正是苏婵。这双能插花，能编发，会画画的巧手，比起搞艺术，更擅长在键盘上敲敲打打。写材料、整合数据、发通知，数不清的文件在过去的二十年里，就这样诞生在这双素手之下，编织起教务党务的细网。她就是这样，默默奉献，无言陪伴着年轻的材料学院从初生到日臻成熟。

斫轮“老”手二十载，克己奉公一“廿”间

“学院刚成立的时候，事情实在是太多太多了，我们办公室人员还没配备齐全。苏婵同志既是本科教学秘书，又是研究生秘书。一个人抗两个担子，为我们刚成立的学院各项工作正常运转奉献。”谈起苏婵，她十几年的老同事、老朋友何武追忆往昔，犹在眼前。

十九年青春扎根基层学院，苏老师感慨道：“时间真快，一晃眼就成了学院‘老人’。”2007 年材料学院成立之初，她就作为第一批员工来到新成立的学院。往后的十二年里，她做过主任秘书，做过本科生、研究生教学秘书，兜兜转转，走到了今天的党务秘书岗位上。“做教学秘书讲究规范化管理，照章办事，解决好学生的每一项工作。而党务秘书则要更多地展开与人相关的工作，多交流多指导，不仅自己要认真细致工作，也要带动学生主动参与进来。”对于不同岗位的工作特点，苏婵侃侃而谈：“我一开始也比较迷茫，都是慢慢摸索，在工作中逐渐成长。”

从青涩到成熟，苏婵见证了办公室二十人的班子发展到一百二十人，与学院一起由百事待兴成长为羽翼渐丰。可即便是今天，她的工作量依旧繁重。除了党务秘书的本职工作，她还要完成其他工作任务。苏婵一边整理着档案，一边开玩笑说：“学院还是比较缺人，我们的口号是 1.5 个人做 5 个人工作！”

坐在办公桌前，找她谈工作的老师们一个接着一个，“苏姐姐”的称呼声此起彼伏。办公室里的老师们都是姐妹相称，这一点连常来找老师们办事的学生都知道。提起办公室的各位老师，苏婵对她们的故事如数家珍，每个人哪一年来学院，有哪个是从厦大毕业，她都娓娓道来。提起来这帮妹妹，她的笑容一直就没放下。“要给年轻人提供机会，培养年轻干部，我也这么提过意见。”

在厦门大学工作的二十春秋里，为年轻的同事和学院的发展操心，似乎已经成为她这个大姐姐和学院“老人”的天然反应。一廿年华，也成就了深情于学院的一念。

钻研在前勤谨为本，欲速且达术业专攻

“学一定要在前，你是专业做这个的，别人来咨询你党务怎么做的时候，你才能对流程和细则了然于胸。”苏婵一直奉行着这样的工作原则，发展党员指导手册上满满都是荧光笔的痕迹。她开玩笑说，自己的学习强国积分破万，是学院的第一名。

“刚工作那会儿年轻记忆力好，可以记住全院老师的手机号，大家有谁不知道都打电话来问我。”苏婵笑着说，“现在记忆力不太行了。”她一向习惯把每天的工作记录在本子上，就是这个自己口中“记忆力不太行”的苏婵，每晚整理当天的数据时甚至都不需要查阅记录，已然心中有数。

不只是旁人来咨询时对答如流，苏婵平时也主动向各年级党支部的学生们提供帮助和指导。2018 级硕士生第二党支部和学校保卫处党支部进行“五联共建”时，苏婵建议结合理工科班级支部的特点，与保卫处的老师就安全实验室的建设进行合作。扬才班借鉴学习、主题教育自主创新，一个个切实的建议为学院党建工作提供了源源不断的助力。

苏婵的办公室和档案柜一向都很整齐。她桌面上的文件资料贴着不同颜色的标签，归放在不同的文件夹里；院里的党务档案柜虽多，却都清清楚楚归好了类。苏婵说，整理归类要做在平常，不仅方便自己汇总查阅，别的工作岗位需要资料和数据的时候，也可以快速提供，各位党支部书记对“苏婵效率”都印象深刻。除了档案归置，她对文件的格式也要求很高。一项文书工作，内容敲定后，苏婵还要针对格式再调整。她戏称自己是“强迫症患者”，对文档的细节、文件的归纳都要整整齐齐才安心。

办公桌上电脑屏幕周围贴着一圈彩色便签纸，上面写着待办事项；苏婵桌子上的台历日程记录得满满当当。材料学院从人数上说不是大院，党务工作的工作量却不少反多，因为学院党务工作人员数量少，分给苏婵的担子就重。但是她向来准时完成，从不拖延。

材料学院办公室主任肖祖法说：“我们办公室来办事的人比较多，学生也来来

往往。苏老师能在这种嘈杂的环境里安静下来，每天写出各种文章、材料真不容易，需要功夫。”其实苏婵的秘诀很简单，白天人来人往、询问事务的人多，那就早到晚走，在别人下班的时间继续写。材料学院党委书记高忠华说：“苏婵有什么工作要做，从来都不拖延，自己给自己安排加班也做完。”就这样，五点半下班的她，通常都七点才离开。“她写的材料，基本上都不需要后续修改，很让人放心。”

这些来自学生、同事以及领导的肯定，对于苏婵来说，是几十年如一日的不断学习、严谨细致、勤恳多劳，如是而已。

秀内蕙心兰质，行得他人春风

由苏婵担任责任编辑的《厦门大学材料学院党支部工作指导手册》条理清晰，收录了党支部活动的注意事项以及文本范式，颇受师生好评；而已经编印了3期的《学习活页》“小册子”更是每月党员学习的重要材料。提起自己着手编撰的书册，苏婵颇感欣慰：“老师们科研任务很重，上网去寻找学习资料，或者查阅党规党章不太方便。这样编辑成书册，方便他们随时翻，也更系统些。”

“党的学习教育需要做出实际的工作，结合实际情况才能丰富。党务不只是开会写材料，更是调查研究、深入基层解决实际问题。我面对的是师生党员，工科学院的科研任务重，要摸索适合的方式，要创新。”她的工作就是紧紧围绕着师生，以人为本，以方便师生为己任。

2018级硕士生郭利鹏提起苏老师赞不绝口：“苏老师很有耐心，不论我们的问题有多简单，她从来都不会不耐烦。每次工作安排也都会考虑到多方面的因素。”工科的研究生实验多，苏婵做时间安排时处处考虑这一点。研究生支部书记参与扬才班学习时，她怕耽误学生的科研学习，主动与每一位学生的导师沟通，关怀学生的成长。

“我们每次反复核对完工作，苏老师就会欢快地说一句‘搞定！’”“老师和我们一起加班完成工作后，我们发微信说老师‘辛苦了’，老师回给我们一个‘对’和累晕的表情，太真实了。”学生们谈起苏老师的可爱，忍俊不禁。想起苏老师，“热情爽朗”，“没有距离感”，“暖心”、“爱笑”甚至“可爱”，是学生们最多的评语。

苏婵

教师节的每一句问候，博士生毕业论文的致谢语，每一个字都是对一位老师最实在的褒奖。苏婵正是处处行得他人春风，方得清凉夏雨。

苏婵一年一本的个人工作记录本收在办公桌的柜子里，因为书写了太多文字而显得格外的厚实。每一页规整的表格、数据、工作清单，展开都是一个个俯首工作的背影。翻到首页，手绘的彩色花朵跳出来，苏婵有点不好意思地捂嘴低头笑起来："每一年记完一本，我就画一朵小花。"这一低头，如今成熟练达的苏婵老师，好像又回到二十年前那个初涉工作的小姑娘。

（撰稿人\法学院 2018 级本科生　贾梦琪）

不忘初心，励行致远

——记厦门大学近海海洋环境科学国家重点实验室副主任林孟妹

林孟妹

厦门大学近海海洋环境科学国家重点实验室副主任。2003年参加工作。为人坦率正直、工作主动、爱岗敬业、履职尽责，在国家重点实验室建设与运行管理方面经历丰富，是厦门大学唯一经历国家重点实验室申请、验收、建设及连续两次评估“优秀”的秘书。曾协调组织“嘉庚号”科考船下水仪式、交接仪式、东山站落成仪式等重大活动，以及亚洲规模最大的“厦门海洋环境开放科学大会”等具有重大国际影响力的学术会议。曾获“厦门大学先进科研工作者”称号及厦门大学奖教金。担任支部书记期间，带领支部获评厦门大学“先进基层党组织”，个人及团队多次获评实验室“敬业奖”等。

车子缓缓驶过空位，挂倒挡、看后视镜、打方向盘、刹车、停车、拉手刹、拔钥匙、解安全带，动作毫不拖沓。换掉驾驶用鞋后，她打开车门，绕到后座拿手提包和会议资料。“你看我这车，十几年了一直没换，还是手动挡。”她一手提着包和会议资料，空出一只手锁车，把挡在眼前的头发拨到耳后，又绕回车前。

随后，一上电梯，她就拿出手机联系酒店的会场负责人 Helen，在办公室 IT

布置好后，又一一确认过音响、麦克风、LED 显示屏，然后下楼接待与会人员的报到。这是办公室一个月内承办的第五场会议。

这位偏分短发、金属架眼镜、深蓝色西装套裙，黑色细高跟鞋，从头到脚散发着干练利落之感的女性，就是林孟妹，厦门大学近海海洋环境科学国家重点实验室副主任。

追求 100 分的态度

林孟妹说她很幸运，十几年来，实验室主任戴民汉院士的国际视野、创新理念、严谨作风和博大胸怀，对她产生了深远影响。实验室领导的信任，为每个实验室人员提供“舞台”的理念，使她在工作中不断成长。

中国是人情社会，这一点常让年轻人深受其扰。但林孟妹办公室的人从来不在意也无须在意这个问题，在实验室室务委员会的决策下，办公室建立了较为完善的规章制度。林孟妹认为，科研机构的领导都是科学家，不可能事无巨细都由领导决策，有了制度，工作的效率就会提高。制度和决策是经过室务委员会民主商讨决定的，应当强有力地执行。她称这和她毕业后在戴尔的一段工作经历有关，外企效率为王、准确至上的企业文化对林孟妹影响很大，这也反映在实验室办公室的各项工作中。

林孟妹的性格，比起传统东方女人，少了些婉转含蓄，多了些练达坦率，她的心里有一座天平。技术主任杨听林是林孟妹的同事和好朋友，工作中她们也会因考虑角度不同而有分歧，但从来公私分明。杨听林说：“她不像很多人那样无关自己利益时睁一只眼闭一只眼。她是个很正直的人，但很多人最初会不理解她。”人事秘书翁苏伟说：“她对事不对人，你如果有错误，她会私下指出并且告诉你怎么改正，但是事情过了她就忘了。”

这种真诚、效率为王的工作方式，影响了办公室人的工作。杨听林说：“受实验室领导追求‘完美’的影响，她也精益求精，办公室承办的大型活动很多，但很少出现失误，就算有也都只是一些小瑕疵。”林孟妹自己也说：“工作不敢说做到完美，但必须有追求 100 分的态度，因为 90 分和 60 分完全不一样。”在林孟妹的影响下，办公室的人脱离形式主义，更加追求效率与准确。她带领的工作组助力实验室在 2010 年、2015 年的国家重点实验室评估工作中连续两次获评“优秀”；她所带领的服务管理团队成为国内实验室同行学习考察的标杆。

这些，都是林孟妹心中的 90 分。

办公室的军心

林孟妹 2003 年参加实验室工作，今年已经是第 16 个年头。如今的办公室里坐着八个人，但最初只有她一个。和她交接的是个兼职秘书，年轻的林孟妹面对一大堆资料，只能一个个点进去自己看。2005 年实验室揭牌前夕，为了做简介手册，怀孕五个多月的林孟妹连续两天熬到凌晨四五点。“连续加班很正常的，这种情况一直到 2006 年新秘书入职后才好一些。”

谈到这么多年最困难的工作，她觉得还是国家重点实验室的申请及评估。“当时 2005 年申请获批，2010 年、2015 年评估，想着如何让自己草拟的申请书、评估报告能给实验室加分，能更好地表达出实验室的管理特色和文化，会熬夜熬到心脏很痛。”

说起家庭和工作的平衡，林孟妹有些愧疚：“孩子上小学一年级，我和先生就来翔安校区，下班后我都尽量早回家，哪怕关在房间里加班，也想让儿子知道我在陪伴他，但重要活动还是要去盯现场，没办法，因为这些活动展示的都不仅是实验室，还是整个厦门大学，在国际会议中，展示的更是国人的形象，必须准备充分。”杨听林说：“有时候我甚至会觉得，她把工作的事情看得比家庭还重要。”

林孟妹和另外七名秘书共享一间大办公室，在办公桌隔板上贴着一张名牌。一为以身作则，二为方便沟通协作。“自己未超面积使用过一平方米，在按原则分配实验室及工作室的时候，才更容易服众。”共同办公的效果很明显，翁苏伟说：“主任都已经这么拼了，如果我们懈怠的话会不好意思。”

十几年来，林孟妹做过办公室里所有岗位的工作，每一个岗位的工作职责、办事程序她都了解，协调起工作来有条不紊。林孟妹的词典里，就没有“做不了”。翁苏伟评价工作中的林孟妹老师：“只要孟妹老师在，‘军心’就很稳。她在，每个问题，都不是问题。”

爱一行，干一行

说到实验室，许多人想的都是穿着白大褂的科研人员操作各种精密仪器的画面，很少想到负责实验室运转的办公室，但如果说实验室是齿轮，办公室就是带动齿轮的铰链。

林孟妹谈到自己的工作时说：“我们的工作是服务科学家，让他们在更舒适的环境中研究学术，辅助他们完成‘海洋强国’的梦想。我们的协调、策划得到科学家们的认可，就是一件让我们很高兴的事情。‘国重’像个孵化器，我们要给更多的科学家搭建舞台、提供土壤。”实验室首席科学家史大林老师说：“国内许多高校都是行政人员管理科学家，而‘国重’的行政队伍在她的带领下都有着一种服务精

林孟妹

神。与她们工作上的相处很愉悦，完全没有行政事务的琐碎，她们会把所有能做的事情做到最好。”

在林孟妹看来，工作绝不能因为不合心意就应付。“你在一个行业，就要做到那个行业的高水平，混日子是没有意义的。”在她的带领和表率下，办公室每一个人都成长为可以独当一面的行政人员，高效而准确。“现在不少学生都有些急功近利，但我觉得年轻的时候还是要有自己的理想和目标，去选择有挑战性的、能提升自己的工作，而不是想着找个高薪工作。”

林孟妹和每个人一样，为了工作不断学习，会因为突然想到更好的方案高兴得笑起来，会在难得的空闲陪孩子看电影，会在夜深人静时坐下来思考如何总结工作经验教训，有时太忙也会到晚上十一点才想起“学习强国”。

十六年来，林孟妹始终记得自己的初心，尽善尽美地协调各种事宜，“爱一行干一行”是她的坚持。她热爱自己的工作：“我觉得行行可以出状元，每一个行业都有它存在的理由、意义和价值。”

（文 \ 新闻传播学院 2019 级研究生　易蜀蓥）

服务科研，无怨无悔

——记厦门大学能源学院科研秘书廖秀珍

廖秀珍　中共党员，自2008年任职能源学院科研秘书，同时担任福建省新能源产业基地秘书。自2016年起参与能源材料国家实验室的筹建工作，2017年起作为能源科学与工程学科群秘书参与“双一流”学科建设工作，2017年度获学校工学部年度优秀的表彰，并多次获得学院年度表彰。为人踏实能干，认真负责，甘于奉献，善于总结。

她总能将繁杂的工作完美完成，她将“尽己所能”挂在嘴边，她每天要马不停蹄地参加许多会议，她总是笑着，她是能源学院第一位科研秘书，她就是廖秀珍。或许在很多人的印象里，科研秘书是一个轻松的行政岗位，但是，随着我们走近廖秀珍老师，我们发现，科研秘书发挥着建设性的作用，是能源学院不可或缺的一环。廖秀珍老师更是如此，她的故事精彩纷呈。

作为科研秘书，廖秀珍学习落实科研政策，为科研人员提供意见和建议，协助科研人员完成科研项目管理；梳理复杂的工作内容和流程，切实为科研人员减负；作为新能源产业技术开发基地的秘书，廖秀珍协助学院进行技术推广等工作，负责学院科研任务分配以及“双一流”学科建设科研信息等数据的统计，为学院建设和决策提供有效的数据支撑和意见建议。

恪尽职守：为学院学科建设默默守护

“做行政工作，要尽心尽力，替科研人员考虑周全最为重要。”廖秀珍老师一直是科研人员的后盾，以简化工作流程，服务科研项目为己任。

廖秀珍对自己的工作有着清晰而独到的见解：“科研秘书要做好承上启下的作用。”承上是指科研助理需要了解国家的一些科研改革制度，在相应的学校、省市的制度文件下发实施后开展落实工作。启下是指根据学科制定出适合学院发展的方案，更重要的是向老师们解释这些制度。

政策带来的变化涉及科研工作的方方面面，只有信息传达到位，才能避免由于宣讲不到位而带来的后续科研难题。然而，单方面的邮件通知并不能被所有老师接受。为了将这些信息及时传达给老师，廖秀珍选择采取多种形式进行政策宣传，例如制作流程图，适时地举行档口理论学习，进行现场的案例分析等。多形式的宣传加强了老师们的理解，也建立起了廖秀珍和科研教授们的双向沟通渠道，老师们申请的项目书都会请她看一看，而廖秀珍也总是能发现文件中隐藏的小问题，为老师们提供新的思路。

在网上可以看到许多廖秀珍老师发布的新闻稿，这也是她诸多工作内容中的一部分。由于科研老师必须通过开学术会议来扩大学术影响力，因此，会务工作也自然而然地成为科研秘书工作的一部分。廖秀珍说：“学术交流活动最重要的是专家们的交流。秘书的工作做得好还是不好，对于院办领导和老师来说是存在一些区别的。如果秘书做得好，考虑到了所有的会务工作、行政事务，老师只要专心接待学术对口的专家，进行充分的交流，然后探讨合作的可能，就达到了会议的目的，而不需要去考虑其他事情。”

廖秀珍一直认为：“其实科研秘书没有很高大上，做科研的老师是比较高大上的。”实际上，她的工作使得科研工作没了后顾之忧。若说科研老师是矛，那么科研秘书就是盾，二者相互配合，开拓了能源学院“学术疆土”。

无私奉献：严于律己更好地服务本职工作

日常工作中，最令廖秀珍老师有成就感的，不是会议成功的瞬间，也不是任务完成的轻松，而是每一次失败后的总结。改革政策不可能一步到位，部门间的工作并不能实时同步。有时，奋斗了三天的文件依然迎来失败的结局，但正是因为失败后的总结，才能意识到不足，才能总结错误，才能提前与老师们沟通协商，才能在意见调查时及时提出。廖秀珍总想着能为老师们多争取一些便利，能为后来人多积累一些经验，只要下一次能做得更好，那么她再多的努力都没有白费，这也是最令她开心的事。

廖秀珍很少按正常时间上下班，早到，加班是她的日常作息。“双一流”建设期间尤其如此，她时常上午在翔安校区开会，会议刚结束，就要赶往思明校区，饭都来不及吃，会议结束，已然到了晚上。她赶往勤业食堂点一碗最喜欢的沙茶面，就再一次投身工作，直到深夜。来回奔波，早出晚归，面对繁重的任务，她云淡风轻地说：“只有每天早上早点来，才能趁着同事没来的时候，多做点事。”面对复杂的工作，她总会分轻重缓急，有计划有条理地完成。

廖秀珍毕业于厦门大学生命科学学院，日常的工作只有极少部分和原专业挂钩。为了圆满完成日常任务，她不断地自我学习，认真参与学校的各项培训，努力提升个人技能。她自学管理知识，学习填写报表，一遍又一遍地研读政策，才实现了专业技能方向的变化。未来，她依然在前进的路上，她希望能与多部门接触，找差距，提升专业技能，能考取专业的代理人资格证等等。廖秀珍说：“无论哪一种学习，对我来说，都是一种历练，只要对工作有帮助，我都愿意去学习。”

尽心为急：学院管理队伍的排头兵

厦门大学能源学院自 2007 年正式建成，到如今已经走过了 12 个年头。廖秀珍老师作为能源学院的第一批行政人员，见证了能源学院的发展与壮大。一开始，能源学院只有四个人，如今，有师生数千人，已经成为学校“双一流”建设的中流

廖秀珍

砥柱，廖秀珍是学院起步的建设者，更是学院事业进步的见证者。

选择厦大是由于怀念，留在厦大是因为热爱。从厦大毕业后，廖秀珍在福州工作过几年，但是最后依然选择回到母校，加入能源学院。廖秀珍说："工作之后，我觉得厦大的氛围是学术氛围，行政等级没那么深，大家相对自由平等，我喜欢这种氛围。"她对我们说，在厦大，每一分努力都被领导看在眼里，同事领导之间能自由交流，相互理解。每一次学术交流会，当她全心投入记录教授们的想法时，看着老师们激烈交流为学院出谋划策时，再长的会议，时间也一眨眼就过去了，出了会议室，有时候赶不上吃饭，就又要参加下一场会议。当被问及这样紧张的工作是否辛苦时，她笑着说："不苦，一点都不苦，在这样的学术环境下，感觉不到苦，大家都这样。"

每次接到任务，廖秀珍总是会尽全力做好。她感叹道:“这是一种情怀。每次接到任务，都很紧张。总感觉作为和能源学院一路成长起来的老人，自己的工作能带给学院一些发展，就特别想把一件事做好。”廖老师怀揣着对厦大，对能源学院的归属感，努力做好每一份工作，不愿意让任何一点失误影响学校的声誉。她是学院发展的战士，奋勇向前，她甘愿为学院管理队伍的排头兵，这就是廖秀珍老师的厦大情怀。

加入能源学院 11 年来，廖秀珍秉持着“处事不以聪明为先，而以尽心为急”的工作态度，“功成不必在我，功成必定有我”的历史担当。一路风雨交加、风雨兼程。作为能源学院的元老，她见证了能源学院的诞生、成长、繁荣。作为科研秘书，她为科研工作保驾护航，虽默默无闻却受人爱戴。

采访结束后，廖秀珍接了个电话，便又在周末的午后匆匆赶往会议现场。她走在献身科研的路上，不回头。她和学生距离很远，她和科研紧密相连。她是台下的幕后工作者，也是科研路上默默照亮的明星。

（撰稿人 \ 管理学院 2018 级本科生　章瑜瑾）

严管厚爱，循循善诱

——记厦门大学电子科学与技术学院团委副书记刘锦锗

刘锦锗

1984 年 1 月出生，厦门大学电子科学与技术学院团委副书记，讲师。2008 年 8 月起从事辅导员工作，迄今为止为 1600 多名学生提供成长成才服务。2017 年，被评为福建省大中专学生志愿者暑期“三下乡”社会实践活动先进工作者；2018 年，获第四届“互联网 +”大学生创新创业大赛“大赛筹办工作贡献奖”。主要讲授课程“形势与政策”。

“读万卷书，行万里路。我们要做的不仅仅是技术上的专家，更应当培养联系实际的产品思维，这样才能更好地服务社会，实现自我的人生价值。”刘锦锗在接受采访时一直如此强调。作为电子科学与技术学院的本科生辅导员，刘锦锗已经从事了长达 11 年的辅导员工作，引导着 1600 多名学生走上了成长成才的道路。这十一年里，刘锦锗秉持着“严管、厚爱、善导”的工作作风，带领学生们参加科创比赛，积极投身暑期社会实践开展红色教育，深入学生们的生活中，扎根在学生工作第一线，一心做好学生的人生导师和知心朋友。

用科创，重塑学习热情

“老师，我拿到腾讯的 offer 了，岗位是我多年来向往的游戏开发岗。”报喜的这名同学在大二下学期之前因沉迷网络游戏，导致多门课程挂科，找不到前进的方向。转变是如何发生的呢？刘锦锗发现这名同学身上的两样宝藏：编程能力和口头表达能力，给他安排了参加全国大学生服务外包创新创业大赛的任务，和四名队友一起准备比赛。他没想到老师居然如此信任自己。在和队友们共同准备比赛的日子里，他自学相关知识，在一次次推倒重来的过程中积累了技术经验，明白了能给自己带来成就感的绝不仅仅只有游戏，还有好多值得为之付出、拼搏和奋斗的事。那次比赛最终获得了全国三等奖，但他并没有止步于此，开始了下一次的挑战，制作一款属于自己的游戏引擎，凭借着这个作品，他获得了“英特尔杯”全国大学生软件创新大赛一等奖。“对学生开展创新创业教育，提高他们的创新意识和实践能力，才能打造我们同学的核心竞争力，在未来对社会发展提供竞争力和贡献力。”刘锦锗这样说。

科创竞赛的组织和指导工作一直为刘锦锗所注重，但在她第一次带队参加“服务外包创新创业大赛”时，因为缺少参赛经验，队伍没能取得好成绩。在反思中，刘锦锗发现学生们虽然有过硬的专业水平，但略逊于展示环节和产品的用户体验。在这之后，她便有了一套专属的科研竞赛工作指导方案——为了让学生们更好地理解比赛，确定正确的努力方向，刘锦锗积极组织选题会、审核报名表，完善赛前准备工作，同时多次组织模拟演练，打磨每一个环节。身为辅导员，她也善于在比赛的准备环节为学生们进行心理引导，使大家保持积极乐观的心态。

多年带学生参加学科竞赛和创业比赛，刘锦锗总结出了自己的一套方法和心得。赛前，注重项目选题的指导，一是通过分析往年参赛作品，给学生选题上的启示；二是将学生报名初期提交的项目简介提交学院学科竞赛指导小组审阅，根据比赛主题、技术方案、市场需求、竞争对手等方面提出修改意见和建议，提高学生参赛选题的创新性、可行性、实用性和前瞻性。赛中，加强对参赛团队的持续跟踪，定期掌握参赛项目进度，并协助解决团队在项目进展中出现的问题；着力解决学生在答辩冲刺环节容易出现的“项目技术虽然很好，但是展示却没有亮点和特色”这一问题，赛前多次组织答辩模拟演练，指导学生形成一份逻辑清楚、文字精练、观点鲜明的答辩方案，打通“最后一公里”。赛后，她注重赛事经验归纳，与参赛团队座谈了解参赛心得，组织参赛团队进行经验分享，为接下去的工作更好开展积累宝贵经验。在这一套方案的实施下，她所带领的队伍先后在“服务外包创新创业大赛”“互联网 + 创新创业大赛”中取得了丰硕的成果和傲人的成绩，多次拿到国家一等奖，并获得第四届中国“互联网 +”大学生创新创业大赛贡献奖、筹办工作贡献奖和全国高等学校创业教育工作先进个人等荣誉。

用细致，深入学生工作

辅导员这份工作，于刘锦锗而言，意义重大。如何与学生打交道是一门学问，要想读透这本书，首先得深入到学生中去。和学生交流是刘锦锗开展工作的重要途径，而如何成为学生的朋友，成为学生成长途中的引路人则是她的使命和初心。刘锦锗对待学生不仅有厚爱，还会夹杂着严格。在主持学生工作的过程中，和她合作过的学生们，都对刘锦锗的标准严格记忆犹新。“提前一周整理材料”“和老师一起反反复复检查”“不能有半点差池”“节假日也在审核”……对于每年和刘锦锗合作奖学金评选工作的学生们来说，这些都是“常规操作”。但也正因为有了这些细致的检查，奖学金评定工作才能服众，学生们也对她更加信任和爱戴。她的同事严威对于刘锦锗的工作作风也是颇为佩服。对于学生工作中的难题，请教刘锦锗总能得到最合适的解答。

作为一名辅导员，在学生和老师之间构筑桥梁，使学生们更好地适应大学学习生活是职责所在。但是如何让学生和老师打破隔阂，建立联系却是一道难题。刘锦锗想到了利用本科生导师制度的好办法。她事先让新生们描绘并写下自己理想的大学生活，然后在第一次导师见面会的时候分发给对应导师。导师们便以此为话题，和学生们展开对话聊天，这样一来也就消除了见面的拘谨和距离感。这种方法被逐渐推广在电子学院的新生入学引导工作中，成效颇丰。

用实践，活化育人课堂

刘锦锗作为 2018 年厦门大学“青年红色筑梦之旅”活动的主要组织者之一，

她积极与贫困地区、革命老区等政府部门联系，并结合学校外派挂职干部、定向选调生等人才项目，征集福建、江西、内蒙古、陕西、贵州、云南、广西、宁夏、湖南等地扶贫需求并带领学生团队主动对接需求，促进项目落地。通过各地青年红色筑梦之旅活动的开展，刘锦锗带领学生们扎根中国大地、了解国情民情，将创新创业教育与思想政治教育相融合，推动创新创业实践与乡村振兴战略、精准扶贫脱贫相结合，给学生上了全国最大的一堂参与式的国情思政课，学生在实践中坚定了扎根中国大地的理想信念，在创新创业中增长了智慧才干，在艰苦奋斗中锤炼了意志品质，在实践中进行有意义的创新。

在 2018 年暑假的“青年红色筑梦之旅”中，刘锦锗带领一支大学生创新创业团队前往内蒙古沙漠中的防沙固林试验田，当他们得知那沙漠中仅有的两块郁郁葱葱的试验田里，有一块正是厦门大学的试验田时，他们感到无比的欣喜与自豪。这

刘锦锗

便是读万卷书，行万里路。鲜活的课堂才能更好地发挥育人的作用，这也是刘锦锗作为一位教育工作者所极力践行的道路。

十一年的辅导员工作，刘锦锗接触了数以千计的学生，也面对了难以计数的学生工作问题和考验。“学生们就像我的孩子一样，带孩子和带学生本身就是有共同之处的，时代发展日新月异，十年前的学生和现在的学生思维想法是完全不一样的，只有相互理解，换位思考，多多总结，才能明白学生们真正想要的是什么，也才能把学生工作真正做到学生们的心坎上。”刘锦锗既是这么说的，也是这么做的。

刘锦锗就是这样一位辅导员，时而严谨认真、一丝不苟，时而温柔体贴、循循善诱。十一年的辅导员工作转瞬即逝，但这十一年的光阴却在她和她的学生心中留下了无法抹去的回忆。日复一日、年复一年的工作并没有将刘锦锗的热情与耐心消磨殆尽，反而使得她的经验更为丰富，使得她面对问题时更为游刃有余，能够更好地帮助学生，引导学生。

（撰稿人 \ 电子科学与技术学院 2016 级本科生　颜恺壮

电子科学与技术学院 2018 级本科生　王嘉晨）

有温度、有亮度的辅导员

——记厦门大学经济学院团委书记刘莉颖

刘莉颖 1981 年 1 月生，中共党员，现任经济学院团委书记、曾任医学院团委书记。自 2005 年参加工作以来，她积极探索思政育人新方法，将学生思想政治教育工作落到实处。2006、2007 年两次被评为厦门大学漳州校区宣传报道工作先进个人；2009 年被评为厦门大学共青团先进工作者和年度党团工作先进个人；2010 年被评为厦门大学漳州校区园区先进工作个人；2011、2018 年被两次评为厦门大学优秀辅导员，两次被评为厦门大学暑期社会实践活动优秀带队教师；2012 年被评为厦门市高校优秀辅导员；2014 年被评为中国卫生思想政治工作促进会医学教育分会年会优秀辅导员；2018 年被评为厦门大学优秀共产党员。

以己所能，守护学生

“刘老师，我结婚了，对象是我大学时候的女朋友。我现在在一家银行工作，买了房子，父母都接过来一起住了。谢谢老师当年的陪伴，没有你就没有现在的我。”

“小卢客气了，祝你新婚快乐，家庭美满！”

刘莉颖对小卢的名字有点模糊，翻开相册，一张十年前的照片映入眼帘。那时的小卢是一名大一新生，由于自身基础薄弱，对大学生活非常迷茫，大学第一学期便有多个科目没有及格。刘老师翻看年级的成绩情况，发现小卢成绩不够理想，便拨通了小卢的电话：“小卢啊，我是辅导员刘老师，什么时候有时间来我办公室一趟，我和你聊一聊。”

晚上，小卢有些担心地走进办公室，刘莉颖微笑着迎接他。经过一番谈论后，小卢的心情也不那么紧张了，而刘莉颖也得知了他的情况。小卢家庭条件不好，而且家里父亲残疾，全家的重担都压到了他的身上。刘莉颖又暗地里向小卢的舍友们了解小卢的学习情况，同学们说小卢平时学习很认真，但是学习上经常会碰到问题，又不好意思经常麻烦同学和老师。

刘莉颖了解了这些情况后，心想着能不能做些什么来帮助一下小卢，于是她联系了几位小卢的任课老师，希望他们能够帮助一下小卢。在联系了老师之后，刘老师又联系了几位研究生，希望他们能够帮忙辅导一下小卢。从大一开始，刘莉颖每个学期都会跟小卢聊一聊学习生活情况，并在自己所能的条件下给予小卢一些资金上的帮助。起初小卢不愿意接受刘莉颖的帮助，后来刘莉颖说这些钱算是借给他的，等毕业之后再还。小卢最终接受了刘莉颖的资助，而这一资助就是四年，一直到小卢顺利毕业，迈向社会。

后来刘莉颖回忆说，小卢很像多年前的自己，家庭条件不好，学习上有很多困难，当时的自己也特别希望能够有一只手拉自己一把。刘莉颖坦言，很多学生就是碍于面子，自己有困难但是都烂在肚子里，教育者应当去了解学生，陪伴他们，帮助他们解决困难，才算不辜负学生家长的期望，国家的育人重托。

以己所有，助人前行

刘莉颖从厦大法律系毕业后便选择留在了母校，当初对她而言，用所学回报母校是最好的选择。随着辅导员工作的时间越来越长，她渐渐明白光靠自己一个人对母校的建设是很微薄的。在医学院工作时，刘莉颖发现一些家庭非常贫困的同学，虽然很有爱心，但是由于成绩不是很好，达不到学校助学金的领取要求，家庭经济状况限制了他们向外闯荡的梦想。刘莉颖熟悉每一位医学院学生的情况，私下里和那些家庭情况困难的学生进行了交谈，了解了他们的困难。

了解了他们的情况后，在自己力所能及的情况下，刘莉颖以“匿名学姐”的名义，先后资助四名家庭贫困生，累计金额达三万余元。她每月领到工资的第一件事，就是向受资助同学的银行卡汇钱，虽然每月只有几百块，但是学生的心里非常温暖。刘莉颖说，这些受助的同学至今还不知道自己的辅导员就是当年资助自己的学姐。这些学生会向这位“匿名学姐”透露一些心事，刘莉颖也很高兴和他们聊天，开导学生、鼓励学生。这些学生平时没有向辅导员说出的心里话，此刻向“学姐”言无不尽。

刘莉颖觉得光靠自己的力量只能资助几位学生，但是像小卢一样亟待帮助的学生还有很多。于是她发动了自己身边的家人和朋友，向他们传播自己的爱心，希望他们加入自己的资助行列中。刘莉颖身边的很多人都被她的这种精神所感染，听说刘莉颖募集资助的事情后，纷纷联系她，希望能够尽一些力量帮到家庭困难的学生。于是医学院很多家庭困难的学生都有一位对接的匿名好心人，每月都会收到一笔几百的资助款，钱虽然不多，但爱心却是无价的。同时，她还积极争取校友捐赠，并在学院先后设立“秋实”“远思”两个院级奖学金。刘莉颖传递的求真向善的温暖力量，将成为学生们生命中无可替代的重要支撑。因为心中有执着，心中有信念，所以她选择诗满人间，画满人间，全心全意为学生服务。

以己所学，解人之难

大学本科的同学们刚刚成年，对法律的了解不多，容易受到法律问题的困扰，刘莉颖于是利用自己本专业的知识帮助学生们解决一系列法律上的问题。刘莉颖时常向学生们宣传法律知识，增强学生们的法律意识。当学生们碰到法律疑难时，她总是挺身而出，帮助学生们寻找律师，进行法律维权。如有学生遭到非法侵犯，她总会第一时间找到学生了解情况，带去礼物问候学生，并严密保护学生个人隐私，宁可自己出面解决，也坚决不让学生有受到二次侵犯的风险。

以己所愿，教人前行

刘莉颖积极参与“形势与政策”的授课，也负责过校级学生工作课题，并承办过“辅导员沙龙”。她与学工组同事团结协作，以培养学生爱国主义精神为主线，密切关注学生的新变化，研究学生的新动态，探索工作的新方式，因事而化、因时而进、因势而新，主动对学生思想意识、行为方式、文化需求等的变化有所作为，始终保持着满满的进取心和求知欲。刘莉颖希望能够让学生们了解这个国家，爱上这个国家，关心这个国家，捍卫这个国家，让学生们为祖国的建设贡献力量。听刘莉颖上课的学生说，刘老师最喜欢说的就是“各位同学目前处于百年未有之大变局”，鼓励同学们努力学习专业知识，投入到社会建设大潮中。上过刘老师“形势与政策”课的同学小李表示，刘莉颖的“形势与政策”课并没有空谈大道理，而是

刘莉颖

探讨一些和同学们息息相关的事情，把国家和学生联系地更紧密；小何则表示，这门课是一门给同学们加油打气的课，让同学们朝着阳光大道前行。

凤凰可开两季，青春何来二度？十余载芳华尽留厦园，万千点星火飘撒九州。为遂树人初心志，事必躬亲未敢忘。若问巾帼谁人是？团委书记刘莉颖。

（撰稿人\航空航天学院 2018 级本科生　毕福海）

杨柳青青芙蓉畔，忠诚奉献在厦园

——记厦门大学学科建设办公室副主任杨柳

杨柳 厦门大学学科建设办公室副主任。于 2012 年 6 月受聘于化学化工学院副教授，2013 年起参与 2011 协同创新中心的组建申报和管理工作，2016 年 11 月起加入发展规划办公室，2020 年 10 月任学科建设办公室副主任。一方面，她服务保障好学校多项重大活动的综合文稿类撰写工作，学校策划的重大项目前期论证工作以及政策研究相关工作；另一方面，为把握高教动态，她组织构建“3+1”信息平台，包括决策参考、高校动态、院系发展动态，以及“厦门大学学院／学科发展动态监测平台”等，定期报送，服务学院发展，支撑学校、部门科学决策。

10 月份最后一个周五，刚结束斯坦福大学三个月的访问交流，发展规划办公室副主任杨柳又回到了自己熟悉的工作岗位上，接连的工作计划又让陀螺般的工作生活飞速转动起来。

本应站在化学化工学院课堂上的杨柳老师，却在案前专注思考着厦门大学关于世界一流大学建设的政策体系和评价体系建构。从实验室走向行政岗位，杨柳笑称自己是“赶鸭子上架”，但现在的她在不断的学思践悟中，心里早已有了笃定的目标和奋斗的方向。身份转变，使命不变，从教学相长到行政管理，她始终葆有 20

年党龄的共产党员的初心、对厦大的爱和对自我的严格要求。

“从没想过有一天会从事行政工作”

2012 年 6 月，杨柳受聘化学化工学院副教授，开始在实验室和讲台上享受着和学生们教学相长的日子。“我非常喜欢化学，在核酸适体研究领域接受了国内外长期又系统的科研训练，希望能让厦大在这个方向结出更多硕果，从没想过有一天会从事行政工作。”她回忆起刚刚工作的时候，是一名纯粹的“青椒”。2012 年年底，化学化工学院开始筹备申报教育部“2011 计划”（高等学校创新能力提升计划）。作为新入职的教师代表，2013 年年初，杨柳被选入田中群院士等人牵头的“能源材料化学协同创新中心”的组织和申报工作中。

从做科研到组织科研的转型并不容易。面对这样一份全新的工作，杨柳不得不大幅减速做科研的脚步，从文案撰写、政策研究、会议组织、制度建设等学起。初到化院，杨柳对“化院精神”的理解并不深刻，但在中心筹备工作中，近距离的接触让她对田院士、郑院士、孙院士等一批“化院人”有了更多的了解——“化院前辈们的爱国爱校情怀，不惧困难、勇担责任的大局意识都影响，并不断改造着我的价值观和人生观。”

然而，2013 年年底的第一次申请并未成功，这让杨柳开始重新思考自己的工作方向，“科研需要紧跟前沿，我感觉自己偏离原来的轨道有点久了”。但是“化院人”对于这项事关厦大创新高地建设工作的投入让她深受感动和触动，于是她选择放下自己的小心思，继续和团队完成工作。又是一轮春往秋来，以厦门大学牵头的“三校一所”团队成功获批教育部“2011 计划”认证。

全身心的投入总算有了回报，转轨后的方向也逐渐明朗。回忆当初，“说没有纠结是假的，毕竟科研和教学是我最初的梦想，待在实验室、站在讲台上会让我特别踏实和高兴”。与此同时，新方向带来的新挑战也持续触动着她，看到学校的学科交叉有了大平台，看到中心在科研创新和训练方面让越来越多的校内外老师和学生受益，“切实的幸福感和自豪感让我觉得为此付出再多努力都值得”。就这样，杨柳潜心学习新本领，积极向专业型行政管理人员转型。当中心的运转渐入佳境，她也沿着心中那份幸福感和自豪感，来到厦门大学发展规划办公室，再次做出新尝试。

“看到自己的另一种可能”

刚从斯坦福大学调研回来，杨柳“趁热”回顾了三个月来的经历——“国家留学基金委虽提供了资金支持，但具体的学校资格申请依然要个人完成，以往的科研经历和厦大的美誉是我能够成功申请到斯坦福大学的敲门砖”，过去的科研、教学经历并没有因岗位的转换而黯淡，而是潜移默化地发挥出令人惊喜的作用。

带着“世界一流大学和一流学科建设”的调研任务，利用斯坦福大学和伯克利大学的地理毗邻优势，杨柳聚焦在两所一流大学的规划制定实施、跨学科机构组建和专业评估等方面。“创新创业教育对高校教育改革、适应社会经济发展培养创新人才意义重大，斯坦福有很多相关经验做法，但更重要的是如何将其借鉴转化到我们厦大的创新创业教育改革中来。”

回归日常工作，杨柳所在的发展规划办公室一方面即将牵头启动厦门大学的“十四五”规划编制的预研究工作；另一方面，为了能够及时把握高教政策动态，高效地传递、分析信息，杨柳和同事们构建了“3+1”信息平台，包括决策参考、高校动态、院系发展动态，以及学院学科发展动态信息监测平台等，定期报送。说起活多人少的辛劳，她的脸上却是云淡风轻。正是对其所从事工作的价值认同，让杨柳乐此不疲地在岗位上耕耘着。

对于杨柳来说，在发展规划办的工作真正步入正轨，或许始于 2016 年厦门大学年报的编写改革。“当时学校 95 周年校庆时推出了首份年报，非常精美。学校领导对下一期也提出了更高的要求。但基础已经那么好了，2016 年年报要在哪里创新呢？”她翻译研读了国内外几个知名大学的年报，并与同事们一道搭建了 2016 年厦门大学年报的整体框架，一如做科研的严谨。“考虑到年报的宣传价值和厦大不断提升的国际影响力，我想一鼓作气把英文版的也做了”，就是这“一鼓作气”，让学校领导、师生在国内外访问交流或公务接待时，多了一份沉甸甸的“伴手礼”。开头的困难总是被她豁达地带过，驾轻就熟之时又开始反省自我，准备下一步的创新，这样的脚踏实地让杨柳在新的岗位上快速成长起来，也看到自己的另一种可能。

“功成不必在我，功成必定有我”

“杨老师在生活中其实很温柔，但在工作上就是个高标准严要求的领路人，就算一份新闻汇总也常常要改好几稿；能想办法出主意，帮助我们化解工作中的困难，让办公室相关的工作内容不断丰满。”杨柳的同事用了严格、雷厉风行、以身作则、全身心投入等词语来形容她在工作中的状态。

其实信息汇总、文稿撰写的工作常常是琐碎而冗繁的，杨柳告诉我们她在工作中保持热情的两个秘诀。一是思考与合作。在自己摸清一项新工作的基本情况后，分工合作、把握规律，“毕竟你在同一项工作里做了很久之后也会比较局限，把自

杨柳

己所掌握的东西与他人分享交流，倒是能够让这项工作越来越好”。二是创新。以高校动态的资讯收集为例，比如收集方式上的创新，是否能够设计一些爬虫的程序来自动抓取新闻资讯，“很多工作都可以有新的点去挖掘，这样你才会觉得这项工作是值得一直做下去的”。

采访接近尾声的时候，杨柳告诉记者，她觉得梦想至关重要，但只有将自己的人生梦融入厦大梦和中国梦中，坚定理想信念，树立“功成不必在我”的理念，才能够不断激发出自己创造力，才能以一流标准自我要求，高质量做好每一项工作，这样的青春才称得上奋斗和精彩。

古人诗描“杨柳”，多见其柔美孱弱的形象，而眼前的这位杨柳却始终在工作中坚定而有力量。名字里的那份柔软则化为对身份变化的豁达和有 20 年党龄的共产党员的初心，对厦门大学的爱，对发展规划工作的使命感，以及对自我的严格要求，则贯穿在她工作生活的每一天，藏在她工作时的每一个坚定的眼神里，也藏在她无数个披星戴月匆匆回家的背影里，成为她不断向前的强劲动力。

（撰稿人 \ 新闻传播学院 2016 级本科生　郑曼琳）

三十年默默奉献的“教务员”

——记厦门大学教务处副处长兼翔安教务办主任陈雪芬

陈雪芬 1966年4月生，中共党员，1988年参加工作，现任厦门大学教务处副处长，兼任翔安校区教务办主任。陈雪芬已在厦门大学工作31年。这三十多年间，她始终在工作简单重复、繁杂琐碎又精细具体，需要高度责任心的教务岗位默默奉献。2003年始，她见证了厦门大学从思明校区发展壮大到现在拥有思明、漳州、翔安和马来西亚分校等四个校区历史进程。2011年起更奔波于厦门大学不同的校区，所以，当提起自己在厦门大学的工作经历时，陈雪芬如是说：“我是一个行走在校区间的人。”

可能大多数学生没有直接见过陈雪芬，对“身居幕后”的教务处也不甚了解，但实际上从入学的那天始直到毕业，四年本科各阶段——从选课、课程学习到本科毕业论文答辩，都跟教务处有着密不可分的关系，可以说教务员是他们顺利毕业的守护神。而陈雪芬就是在幕后甘于平凡、无私奉献的众多“教务哥”“教务姐”中的重要一员。

不忘初心，牢记使命，努力为本科生服务

厦门大学教务处主要负责全校本科教学管理工作，下设办公室、学务科、教学科、实验与电教管理科和翔安校区教务办。学务科主要负责学籍管理、学分绩点、转专业、双学位、校际交流、四六级考试和推荐免试研究生等涉及学生学业的方方面面的工作。特别是学籍管理工作，它是指根据有关规定对学生的入学资格、在校学习情况及毕业资格进行考核、记载、控制和处理的工作，是教务管理的重要组成部分，内容包括入学注册、成绩管理、休学、复学、退学、转专业、转学的处理等等。学务工作的特点是程序化强、单调重复，但又不允许有任何错失。谈到学务工作，陈雪芬说：“学务科的工作比较琐碎，说不出来那种比较高大上的东西，但是，不管哪一项事情，一旦出了问题都会对学生的学业和未来产生很大的影响。”可想而知，作为分管学务科的副处长和翔安校区教务办主任，陈雪芬身上的担子和压力。

本科教学管理工作的性质决定了这项工作必须严格按规章制度办事，因为只有严格按规章制度办事，才能保证公平公正。陈雪芬说：“做到零投诉，没有差错就是我们的成功。做好应该做的每件事都是必须的，如果有一件事出错，就会有学生受影响，就是我们工作的问题。”所以，陈雪芬是把学务工作当作使命来做的。

本科教学管理工作不仅要面向在校本科学生，还经常要回答和接待学生家长的各种咨询，处理和解决各种相关问题。本着对学生负责的态度，陈雪芬总是给予详细、耐心的解答，尽自己所能帮助学生。陈雪芬的手机上有一张她和一位来自云南大理学生的合照，陈老师说该生 2007 年从厦大毕业回云南工作，一直跟陈雪芬保持联系，合照是这位学生回厦大参加毕业十周年纪念活动时拍的。她说这个学生当年被厦大机电工程专业录取，一入学时因专业不满意，一度想申请退学复读，经陈老师开导、介绍学校相关学业管理政策后，经过自己努力，通过转专业考试成功转到统计学专业，同时还辅修了第二学位行政管理专业。不经意间，陈雪芬说起另一位 2014 级来自新疆的同学，该生录取到了天文学专业，后转到了生物科学专业，但刚开始该学生的家长不太同意儿子转到生物科学专业，而且转到生物科学专业，

要从思明校区转入翔安校区。为了学生，陈雪芬多次与该学生家长交流沟通，直到该学生家长解除了疑虑，支持孩子转到生物科学专业。该学生现已顺利毕业，并在上海一个研究所工作。对于一个教育管理工作者，看到学生在自己的建议和帮助下，选择到适合自己发展的专业和途径，并顺利发展，是最让陈雪芬欣慰的事。为了进一步搭建教务与学生的交流平台，2013 年和 2014 年，陈雪芬还担任了医学院护理专业两名女生的本科生导师，经常和她们进行交流，答疑解惑。2018 年又担任公共卫生学院 2017 级 1 班第二班主任。

创新方法，完善制度，不断提高服务水平

提升本科教育质量，本科教学管理要跟上，必须与时俱进，不断创新管理方法和完善各项规章制度。近年来，陈雪芬把创新管理方法，完善规章制度放在工作的重要位置，先后参与制定了《厦门大学本科生学籍管理规定》《厦门大学联合培养本科生学籍管理暂行规定》《厦门大学本科生转专业管理办法》《厦门大学本科生转专业工作管理规定》等一系列配套管理规章制度。陈雪芬带领相关科室工作人员采取有效措施，科学规范了转专业、双学位、校际交流、四六级考试和推荐免试研究生等管理工作流程。研究简化学籍异动处理申报流程，加强学生学籍管理和学籍有关的档案材料及时归档，保证了相关档案材料的完整性。

为了提升本科教育质量，提高服务水平，陈雪芬积极参与相关教育教学改革研究，如《本科教学质量提升机制建设》《三学期制的十年探索》《博伊特勒书院——生命科学拔尖人才培养体系的构建与实践》等，其中参与的《三学期制的十年探索》和《博伊特勒书院——生命科学拔尖人才培养体系的构建与实践》分别于 2014 年、2018 年荣获国家级教学成果奖二等奖。陈雪芬还充分利用时间，开展调查研究，结合本职工作，先后发表了《我校本科生退学状况原因分析及思考》《高校本科生学籍管理网络化探析》《论科举考试中的防作弊措施及其启示》《高校实行本科生导师制存在的问题及对策》等与教学管理工作相关的系列研究论文。

在工作中，陈雪芬重视“传帮带”，采取工作业务轮换的方式，让每个同事都能熟悉学务工作并得到锻炼；重视团队协商，以集思广益；重视做好工作总结，及

时反思，以提高服务质量。在陈雪芬的带领下，学务科和翔安校区教务办的教学管理工作得到师生的好评和同行的肯定。

克服困难，同心协力，努力做好跨校区工作

有跨校区工作经历的老师都会记得，从思明校区坐校车到轮渡，从轮渡坐船到漳州港，然后再坐车到漳州校区的一路颠簸；也不会忘记刚到翔安校区上班时，翔安南路上"步履艰难"摇摇晃晃的校车。

陈雪芬老师既分管着教务处学务科的工作，还兼任着翔安校区的教务办主任职务，跨校区工作必不可少。八年了，陈雪芬仍清楚地记得自己入职漳州校区和翔安

陈雪芬

校区的日子——2011 年 9 月 5 日和 2012 年 9 月 14 日。特别是刚到翔安校区时，面临工作人员紧缺、流动性大的问题，以及新老校区之间交通问题和跨校区管理协调问题等方面压力。顶着压力，陈雪芬克服种种困难，圆满完成了各项工作任务。陈雪芬说，至今两个校区的相关活动和会议都得参加，经常得两边跑来跑去，时不时加班到晚上，后来在翔安校区管委会领导的支持下，经过工作方式的微调，这种分身乏术的状态才有所缓解。

翔安校区主要是理工医科类的学院，为了提升理工医类学生的人文素养，丰富新校区文化生活，在陈雪芬老师的推动下，2014 年翔安校区教务办在翔安校区创建了"翔安讲坛"，先后邀请了 18 位校内外知名的专家学者给学生们举办各种讲座，其中包括厦大人文学院博士生导师朱水涌教授、华侨博物院原副院长陈毅明等，很多主讲人都是由陈雪芬亲自对接邀请的。同时，翔安校区教务办也配合学校通识中心在翔安校区开展"人文大讲堂"，为翔安校区学生人文素养的培养提供了条件。另外，为推动翔安校区书院制建设，陈雪芬积极做好相关调研工作和教学管理方面的改革创新工作，如博伊特勒书院、香山书院的筹建与教学管理等。

除了做好自己分管部门的工作外，陈雪芬老师还积极参与第四届中国"互联网+"大学生创新创业大赛筹办工作，并获得"大赛筹办工作贡献奖"和"第四届中国'互联网+'大学生创新创业大赛筹办工作先进个人"等荣誉称号。

（撰稿人 \ 社会与人类学院 2018 级本科生　李伟德）

铿锵瑰丽，不忘本心，爱岗敬业显忠诚

——记厦门大学党委组织部干部工作办公室主任叶秀蓉

叶秀蓉

1981 年 4 月生，中共党员，福建厦门人，文学硕士。2006 年 8 月参加工作，历任厦门大学办公室科员、党委组织部科员、秘书等职，现任厦门大学党委组织部干部工作办公室主任。曾获厦门市地方志编撰委员会“年鉴工作先进个人”，厦门大学建校 90 周年、95 周年“校庆优秀工作者”，“厦门大学优秀共产党员”等荣誉称号。

“成为像外公一样具有坚定信仰并为之奋斗终生的共产党员”，是叶秀蓉入党的初衷，是凝聚在她血脉中的红色基因，也是她一直以来坚定不移的信仰。外公曾在战争年代闯过炮火硝烟，也曾在和平时期坚守岗位默默奉献。就是这样一位平凡而又伟大的外公成为叶秀蓉的引路人。红色基因不仅是凝聚中国共产党人的精神内核，促成革命精神传承，也是外公与叶秀蓉爱国爱党精神的纽带。

2006 年叶秀蓉自厦门大学毕业留校工作，2011 年调到校党委组织部。在这 13 年内，她凭借着自身出色的工作能力和爱国荣校情怀，获得多项荣誉。2009 年、2013 年分别获得厦门大学中国工商银行奖、春雨奖教金；2011 年、2016 年两次获评厦门大学“校庆优秀工作者”；2018 年获评“厦门大学优秀共产党员”。

爱岗敬业、自强不息，坚持原则、严谨正派，甘当绿叶、为人民服务，这是叶秀蓉对自我的要求。通过身体力行，她将其一一实现。

“一思尚存，此志不懈”

2015—2016 年，厦门大学集中开展了全校处级干部人事档案专项审核工作。此项工作时间紧、任务重、程序多、要求高，为了能让审核工作顺利完成，叶秀蓉主动请缨，和同事投入到忙碌的干部人事档案专项审核和档案材料的收集归档工作中。即使她身处孕期，也以饱满的热情对待工作任务，不因身体上的劳累而轻言放弃，甚至牺牲了自己的休息时间。

2017 年上半年，叶秀蓉提前结束产假，投入迎接中央巡视、中组部选人用人巡视检查的材料准备工作，并协助推进相关选人用人整改工作的整改落实。2018 年，她又全程参与了校第十一次党代会筹备工作，严格按照程序、步骤，协助领导做好党代会筹备各个环节的任务安排，科学设计日程表、各工作组的任务分工表，哪个时间开什么会、完成什么任务、上报什么材料，都做到心中有数；党代会召开期间，各工作组的任务和负责的事项是什么，每份文件什么时候印发，印发多少数量，发给哪些领导，都在任务分工表上一一标注。“她作为一个军嫂承担了照顾小孩的责任，还能工作家庭两不误，在各个重大活动上都展现出她优秀的组织能力，高质量地完成任务，实在难得！”叶秀蓉的同事梁振伟如此评价。

叶秀蓉评价自己的工作时说道：“组织工作政治性政策性强、系统性业务性强，任务纷繁复杂，要求细致严谨，来不得半点马虎、容不得一丝懈怠。一盏孤灯之下，数堆材料之中，只有沉得住气，耐得住寂寞，才能保质保量地完成。”

作为一名优秀干部，叶秀蓉在家庭与工作之间找到了很好的平衡点，在家庭生活中任劳任怨，在任务关键时刻加班加点，与同事协调配合保质保量地完成了工作，她用自己的实际行动诠释了爱岗敬业的含义。

“不要人夸颜色好，只留清气满乾坤”

在日常生活中，叶秀蓉还注重个人党性修养。她说：“坚持公道正派，是衡量干部党性强不强的重要标准。”在工作中，叶秀蓉时刻要求自己做到自我教育，自我改造，自我完善。叶秀蓉认为，在这样一个发展变化日新月异的时代，要保持一名党员的信仰、信念和信心，要跟得上党的号召、组织的要求和领导的思路，关键就在于持之以恒地学习。因此她始终把加强政治学习、投身实践锻炼、增强党性观念，作为加强自身建设的首要任务。

“坚持原则，恪守公道，严谨正派”是同事们对叶秀蓉的评价，也是她自己对自身的底线要求。叶秀蓉以谨言慎行，不信口传谣，不跑风漏气，按章办事作为自身的行动指南。“时刻监督自己做到自重、自省、自警、自励。”叶秀蓉如是说。

“落红不是无情物，化作春泥更护花”

“工作中力求做到周密细致、规范严谨、准确高效、文明热情，努力为干部师生、为学校事业发展提供一流的服务和保障。”这是叶秀蓉作为一名机关工作人员对自身最基本的要求，她认为，组织部门是“党员之家、干部之家、人才之家”，

叶秀蓉

因此在工作中强化自身的服务意识非常重要，“对上要服务好领导，对下要服务好师生员工”。提到叶秀蓉在工作时的表现，同事和师生都赞不绝口。

在高压高强度的工作环境中，时刻保持着乐观开朗的心态，与同事们一起并肩作战、一起加油鼓劲、一起攻克一道道工作上的难题。一直以来，叶秀蓉始终以追求事业、做好工作为最大进步，始终保持平和心态，她对自己说：“要当好基石、做好绿叶。”这种甘于默默奉献的胸怀和气度，这种为人民服务的意识，使得叶秀蓉优秀的中共党员形象更加深入人心。

在工作上从懵懂稚嫩不断走向独立成熟，叶秀蓉认为自己所在的集体起了重要的作用，“各级领导给予了我无数的指导和关怀，部门同事给予了我数不清的支持和帮助”。她说，她不仅处于厦门大学党委组织部这个小集体，还位于中国共产党这个大集体中。她很荣幸，能够在特别讲团结、特别能战斗、特别讲奉献的集体中成长。因此，她将自己的知恩、感恩的情感融入为党的事业建设做贡献的行动之中，将“从哪里来，到哪里去”的品质贯彻于为师生服务，为党组织服务的行动之中。叶秀蓉说：“我深感使命光荣，责任重大，也要求自己以更高的自觉、更严的标准履行好组工干部的职责。”

在 2018 年机关党委为庆祝中国共产党迎来 97 周年华诞举办的表彰大会上，叶秀蓉表达了自己对厦门大学、对伟大祖国的深切感情与期盼：“与这个辉煌的时代、与我们伟大的祖国、与我们深切热爱着的、正在昂首迈向世界一流大学建设新征程的厦门大学，一道呼吸，一同共振，一起奋进！”

（撰稿人 \ 经济学院 2017 级本科生　陈婷真）

因为热爱，所以倾心

——记厦门大学学生工作处管理科科长刘俊英

刘俊英　厦门大学学生工作处管理科科长。作为国家资助政策的受益者和执行者，14 年来她以满腔爱心奋战在学生工作第一线，被授予全国学生资助工作“优秀个人案例典型”称号。在她的带领和同事们的共同努力下，学校多次被教育部全国资助管理中心评选为资助诚信教育主题活动优秀单位，并获全国学生资助工作“优秀单位案例典型”荣誉称号。她多年组织献血工作，学校曾两次被评为全国无偿献血先进单位。她本人多次带头献血，先后被评为厦门市高校无偿献血优秀组织者、厦门市无偿献血个人促进奖、福建省无偿献血个人促进奖、全国无偿献血个人促进奖。

说起刘俊英，管理科的同事们脱口而出，“就是加班最多的人”。2005 年刘俊英从厦大毕业，直接留校，在漳州校区学生办工作。从那时起，14 年的时间里，她都在做有关学生方面的工作。46 项奖学金、35 项助学金、2379 名贷款学生、3750 名家庭经济困难学生、3995 个勤工助学岗位、3 万人的医疗保险、3.6 亿元的奖助金额……这些数字构成了她每年的工作大背景。

“因为靠得更近，所以心更柔软”

“感觉她非常热爱这份工作，觉得这份工作非常有意义”，管理科的同事符晓珠每次看到刘俊英接听学生的咨询电话，态度非常亲切温和，都会有这样的感慨。对于刘俊英而言：“资助工作是一份责任，一场使命，一次倾力倾心的热爱。”

21 年前，刘俊英曾经也是国家政策的受助者，由于家庭条件不好，她选择成为一名师范生，每个月享有政府发的 46 元补助，其间她还获得了贫困优秀大学生奖学金 800 元，“一直记得这种被关心帮助的感觉”。刘俊英很感恩国家和社会热心人士帮助了自己，如果没有国家资助政策，自己也很难走到现在。2005 年刘俊英工作伊始，就负责了资助方面的工作，“她对资助这块的工作投入了非常大的热情”，作为刘俊英 14 年的老同事、现任学生工作处副处长许美霞明白这份工作对刘俊英的意义。

“做资助工作，见的困难学生多了，会麻木么？”人们经常这样问刘俊英，而她却回答：“因为靠得更近，所以心更柔软。”平时刘俊英如果知道某个学生有困难，她一定会捐钱或者借钱，表示自己的心意。2008 年刘俊英在绿色通道迎接了来自汶川地震灾区的曹同学，几年时间里一直关心、帮助他；2013 年有学生助理想做创业项目，她毫不犹豫地借给了他 5000 元作为创业基金；2014 年她在网上看到厦大新生李同学家庭经济困难的报道，立即联系上了他并代表学校自己垫付了 800 元的路费。信息科学与技术学院困难学生家人遭遇车祸，她捐献 300 元；公共卫生学院援藏学生不幸离世，她捐赠 500 元……刘俊英甚至还与保险公司争取，如果贫困学生愿意，还能免费给他们的父母参保……“要第一时间让学生感受到学校的关怀，因为我们不是代表个人。”刘俊英说道。

“涉及学生利益，一条都不能有错”

管理科的工作人员经常开玩笑说管理科相当于“财务二科”，奖学金、勤工助学、各类补助、医保等跟学生有关的数据，都由管理科生成。而作为管理科科长的刘俊英，统筹、负责如此密集的数据让她必须打起十二分的精神。除了统筹科室工作外，她还一直承担着直接面向学生的奖学金、医保等具体事务工作。“我们的工作一定要特别仔细才行。”每年厦门市社保集中参保时，刘俊英会反复核实全校学生保险数据，因为涉及学生利益，不得有丝毫马虎。2009 级人文学院的常琪山同学，曾是刘俊英的学生助理，对刘俊英最深刻的印象也是“加班是常态，经常背着大量的案头文件”。他记得有一年的开学季，在统计校对新生数据时，因为学校与学院上报的数据有个别不吻合，为此刘俊英逐一询问排查，直至数据精确无误。她和常琪山说：“只要这个数据没错，加班都是值得的”。

“异常充实的十月终于快要过去了”，刘俊英最近在朋友圈发了这么一句话。每年十月份校级奖学金、国家奖学金、唐立新奖学金、本科生优秀奖学金等一系列评审工作相继展开，让她异常忙碌。有的评审会虽然看起来只有半天，但是前期审核材料、排版排序、打印装订、解答疑问，其实都要投入非常多的精力。“她昨晚十二点才回家，”学生工作处的林蕊说，“她很少正常下班，经常是到 11 点半以后甚至更晚才下班，有时甚至就直接睡在了办公室。”

“我不忍心把同事留下来”

“我们科室只有一个男同事，她就把自己当成男同事一样。”在管理科蒋丽老师的心中，刘俊英就是一个女强人的形象，“基本上遇到什么大事，她都是第一个冲到前面”。厦门经常会有台风、暴雨等突发情况，一遇到这种情况，管理科的成员就需要值班。每每此时，刘俊英都会默默地留宿办公室，哪怕没有轮到她也一样会到办公室值班。学生工作处的林蕊，和刘俊英认识 14 年了，见证了她从科员到科长的变化，唯一不变的就是“她永远都是替别人考虑的”。刘俊英是科员的时候认为“我年轻，我多抗点”，当上科长后，她觉得“我要带头，我多做点”。

2016 年莫兰蒂台风登陆厦门时，刘俊英和丈夫都在单位防抗台风，留在家里的老人家心忧得一夜无眠。“因为婆婆觉得每个房间都不安全，所以半夜带着两个孩子在三个房间来回转移，睡了个遍。”凌晨冒着风雨在学生宿舍查看情况的她却没想过回几百米处的家里看一眼。“想起来会心疼，但是职责所在，当时真顾不了

刘俊英

那么多。”刘俊英事后说。

“她很照顾我们，主动承担了很多工作。”蒋丽说道。有时候蒋丽周末来办公室加班，“只要来就能看到她在，但是她从来不会说”。办公室有临时任务时，她总是让同事们先走，自己默默留下来，她说：“同事们住太远怕不安全，我住得近，就我留下吧。”

自 2012 年从漳州校区调回思明校区工作后，刘俊英连续 5 年没能在除夕和家人一起吃团圆饭了，因为她要负责学校年夜饭的相关工作。“难得假期，不忍心让其他同事都留下来”。近几年科室有家住本省的同事了，她才可以安心回老家过年。

“我具体负责做献血工作的，我要做榜样”

“她一直都是默默做事情，我也是前段时间才听说，她拿到了全国无偿献血个人促进奖。”许美霞平时朋友圈不太分享东西，但是看到这个消息立马忍不住分享出去了。当时还有记者想要采访刘俊英，她立马摆手说“不要不要”，因为她不想要宣传自己。

第一次献血，是在 1998 年，那年刘俊英刚上大一，学校号召大家献血。“没什么好害怕的，这对别人也是一种帮助。”大学期间，在街头看到献血车，她也会直接上去献血。工作后，她就接手了无偿献血工作，坚持做了十多年。

因为生产时曾输过血，所以她深切体会到血液的重要性。她坚持每年都要“出山”一次，如果条件合格一定会献血，给大家“做一个榜样”。厦大校园文化的“感恩、责任、奉献”六个字在她身上完美体现。她作为血液的受供者，她感恩那些无名的献血者；作为献血工作的组织者，她主动担起教育引导责任；作为血液的捐赠者，她享受着奉献的快乐。

作为两个孩子的母亲，刘俊英总是通过言传身教的方式，传达给孩子们“善良的本性”。工作之余，她带着孩子在莫兰蒂台风后为校园重建扫枯枝，在迎接新生为困难学生家长搭帐篷，在国庆节进行“鼓浪屿环保行”扫垃圾……“希望在他们心中种下一颗善的种子。”

从 2005 年至今，14 年的时间里，刘俊英一直都保持着为学生服务的热情，传递温暖传递爱。作为国家政策的受助者、执行者，管理科的“大家长”，无偿献血者和两个孩子的母亲，每一个身份都让她感到自豪和幸福。

（撰稿人 \ 新闻传播学院 2018 级硕士生　欧阳霞）

最美大学的最美外事人

——记厦门大学国际合作与交流处综合科七级职员严娴

严娴

厦门大学国际合作与交流处综合科科员。主要负责全校因公出国事务以及文件档案的管理工作。多年来，严娴对待工作任劳任怨，长年奋斗在基层第一线。本着外事无小事的宗旨，以饱满的工作热情全心全意为学校师生服务。在做好本职工作的同时，开拓创新，自觉加强学习，虚心求教释惑，不断厘清工作思路，总结工作方法，不断丰富知识掌握技巧，提高工作效率。2017年，严娴获学校管理类奖教金。

周六早上六点多，睡梦中的严娴被王野教授助理的求助电话唤醒：化学化工学院王野教授因访美的签证系统出现问题，无法登机。此时，距离飞机起飞还有一个小时。从未遇到类似状况的严娴，头脑依然清醒。“请将之前登机的Evus（签证更新电子系统）信息发给我。”检查数遍后，严娴发现系统的护照号码输入错误。她马上帮王野教授重新注册了一次签证系统——长期的业务工作，让严娴操作起来得心应手，最终确保王野教授的访美之行如期启程。

出国访问的突发状况常让人措手不及，却是外事工作人员的“家常便饭”。回忆起这件事，严娴笑着说：“没有强大的心脏，还真受不了呢！”

厦大经济系里走出来的外事工作者

2009 年 6 月，严娴获得厦门大学经济学院理论经济学硕士学位。毕业后，同班同学纷纷进入北京、深圳的银行、证券公司；严娴的导师则劝她继续念博士，走学术道路。但性格安静的严娴有自己的想法：决定留校工作。

“听起来特别高大上而神秘”的国际处吸引了严娴。从 2009 年 9 月入职至今，严娴在这个不被同学理解的岗位上，一待就是十年。初入国际处，高强度、快节奏的工作氛围让严娴心理压力颇大。除了全校师生因公出国审批、护照以及签证申请，出国团组回国后，严娴还要审核师生是否按照报批计划出访，时间和路线有没有变动，收集在外情况表和成果反馈。一年下来，严娴要对接两千多个团组。外事工作还常常用到大量专业英语，每天加班到十点的严娴一边向同事请教，一边大量阅读国际处留档的材料，从无到有地积累，一点一点地适应。

严娴

每次遇到临近出发时间，出国签证却迟迟没有下来的情况，严娴就整夜睡不着觉。前辈告诉她，无论什么情况，总是有办法解决的；不要等到事情发生了再处理，工作一定要有预见性。在前辈的引领下，严娴从常常焦虑的外事新人，逐渐历练成沉着应对各种困难的工作老手。一次，一位老师要出访巴拿马。当时，巴拿马尚未与我国建交，不能随意出访。签证要怎么办？严娴按部就班，先上报学校出示公文，再报外交部、教育部审批，审批通过后再到厦门市外办报备。前后费时一个月，最终让该老师顺利出访完成公务。

外事无小事

如今，严娴每天下班前都要记录一下处理几个团组，明天要处理哪些事宜。她说："外事无小事——小到办理证件，大到和国外高校的交流，各项工作都需要慎处理、讲规矩、守纪律。"刚从事外事工作时的一件小事，让严娴记住了外事工作的细致严谨。那时，她要处理一份给美国领馆的材料，为了个人方便，她用铅笔备注了办公室的信息。而恰恰因为这件事，严娴被领导严肃批评了：重要外事材料是不允许有任何涂改痕迹的。

在严娴的手机微信里，好友数量将近一千个。严娴说，出国交流的师生都添加了她的微信，可以随时沟通，避免造成工作失误。而这个工作细节源于一次失误。过去，严娴为了节省时间，常将一些通知事宜直接发到要出国访问的老师邮箱中。有次，一位老师因为工作繁忙，忘记查阅邮件。结果到了老师要出访的时间，双方才发现签证还没办理，只能无奈取消出访。"如果我当时能够提醒一下老师，也许老师就能顺利出访。"至今，严娴仍怀内疚。

每年的 4 月到 8 月份是出国的高峰期，严娴的微信消息和电话不断。一个人处理出国材料的时候，她会从早上七点工作到晚上七点，中午也不休息。"我和同事调侃，过年期间要好好屯脂肪，过了年之后想胖也胖不起来！"严娴打趣地说。

工作繁忙的严娴，始终对家人充满感激和歉意。"为了能让我有精力工作，父母毅然将照顾孩子的重担接过去，我几乎没有为养育孩子操过心。"去年，严娴的母亲突发疾病，需要入院做手术。但父母却告诉她，这只是一个小手术，不用特意请假回去照料。后来严娴才知道，那次手术危险性极大，手术历时十几个小时。“老人最需要子女在身边的时候，我却没有抽出时间照顾她，这一直是我遗憾和惭愧的事。”严娴如是说。

厦大外事服务“品牌”的打造者

开发一站式服务，让师生不出门就轻松办好出国签证，是严娴和所有外事人的心愿。在严娴看来，现在的工作目标，是在守住底线的前提下创新工作方式，缩短办证周期，提高工作效率，更好地服务全校师生。

过去，申请出国访问的老师时常抱怨审批的流程复杂冗长，一次出国至少要到国际处报到三四次。学校出国境审批需要老师提交纸质申报材料；如果材料有问题，还需要更改并重新递交。此外，纸质的材料容易遗失，不利于信息统计。2014 年后，厦门大学开始使用 OA（办公自动化）系统上报出国申请，节省了各校区的老师来回奔跑提交材料的时间。2018 年，在学校网络中心的协助下，国际处又改进了出国（境）申请系统。

不论是系统建立的前期规划，还是升级过程中的调整，抑或上线后对各单位人员培训——办公技术进步的背后，是严娴和同事们的全程参与。严娴相信，随着高校国际化建设，高校外事工作内容日益丰富，外事人将用全新的视角、全新的观念，去观察和落实外事工作，“不断打破传统做法，这也是外事工作的魅力所在。”

谈及未来的期望，严娴说，她和同事们将进一步改变服务观念，简化出国流程，完善因公出国信息化平台，打造有“厦大特色”的因公出国服务品牌。

（撰稿人 \ 厦门大学新闻传播学院 2017 级本科生　冯韦隽）

平凡的岗位，不平凡的你

——记厦门大学人事处人事科科长叶雅璇

叶雅璇　厦门大学人事科科长。自1991年8月入校以来，从事人事人才工作近30年。1998年被评为厦门大学优秀共产党员，自1999年6月担任化学化工学院人事秘书。2007年获得厦门大学工商银行奖教金，2008年被评为厦门大学优秀党务工作者，2010年被评为厦门市留学人员工作先进个人，2015年再次获得厦门大学建设银行奖教金。2015年10月起借调人事处，2018年9月起任人事科科长。2019年获得厦门大学人才人事先进工作者荣誉称号。

“我只是在一个平凡的岗位上做好管理服务，没有特别之处。”叶雅璇朴实地说道。叶雅璇在平凡的岗位上兢兢业业，像一棵小草、像一个螺钉、像一块基石，默默无闻、尽心尽力地做好每一项工作，或许，这就是平凡生活中的不平凡。

肩负责任，新益求新

叶雅璇是学校900余名党政管理干部的一员。自1991年8月入职以来，她已在人事人才岗位工作近30年。她兢兢业业，立足本职，并始终保持着在实践中不断学习、不断进步的精神。经历从传统人事管理到现代人力资源管理的转变，叶雅璇深刻体会到学习的重要性。“随着时代发展，我们的服务标准和水平必须提升。那么，我们的工作理念、工作方式方法都需持续更新，学习政策、学习知识、学习技能是解决问题之道。”她认为要做好工作，首先应与时俱进，学好政策。学习国家、省、市的人事人才政策，学习兄弟高校的宝贵经验，分析现有队伍的优势与不足，才能提供方向上的指引和思路上的创新。除此之外，还应学习管理知识、法律知识，掌握必要的技能，努力成为一名专业化、职业化的管理人员。

做好每一件应该做的小事就是责任，将责任心落实到实际工作中，带着责任心不断学习，这是叶雅璇始终保持的工作信念。

规范精准，为所当为

有些同事说：“叶老师是个很懂传播学的人。”叶雅璇却说：“我只不过是换位思考。”“秘书工作，并不是简单的上传下达，还需要注意工作方式方法。很多日常信息，不能简单转呈领导，或者无差别地转发全体教职工。”就日常工作通知的发放，叶雅璇给出了两大原则：须知原则和例外原则。作为一名科级干部，她考虑到领导任务的繁重性以及时间的有限性，汇报工作时需提纲挈领，不能事无巨细，要提前做好问题分析，建言献策。须知原则指的是确定工作对象范围再发布通知，保证让各对象接受有价值信息。“我原来工作的化学化工学院，300 多名在职教职工，如果秘书对所有通知都不进行对象筛选和内容解读，简单转发，虽然便捷，但可能给与该项工作无关的教职工造成困惑，这样的工作习惯并不可取。”叶雅璇一再强调，开展工作务必提前做好功课，尽量做到点对点传播，做好对号入座式的服务，让相关教职工第一时间掌握最关键最精准的信息。

除了须知原则和例外原则，叶雅璇同样看重工作过程中的保密原则。人事人才工作涉及教职工切身利益，秉承公平公正公开的态度，划清人情和制度的界限尤其重要。“努力培养规范、精细的工作习惯，那么，相关事务也就不那么难以处理了。”叶雅璇温和而坚定地说。

急人所急，想人所想

人才引进的过程中，人事秘书是人才与校方相互了解的重要窗口之一。“作为人事秘书，应当努力推动学校与人才深入了解与交流。”叶雅璇补充道，除了需要熟知人才的教育背景、学科方向、职业规划等，也应该主动了解人才子女入学需求、配偶就业计划等，形成一个全方位立体化的信息体系，从而更好地提供服务。“年轻的时候常常听院里的老师说感情留人，这么多年发现，除了为人才提供优秀的平台，建立深厚的情感同样至关重要。”叶雅璇给人更多的是嘘寒问暖、关切朋友的形象，急人所急，想人所想，尽力帮助教职工解决问题。她常说，当遇到教职工咨询时，不要简单回复这样不行，应该再往前走一步，想想是否可能有其他解决路径。

叶雅璇

团队协作，将门有将

“虽然人事工作程序性、事务性的琐事繁多，但是在这样的群体中工作，我其实蛮愉快的。”回忆起在化学化工学院工作的时光，叶雅璇多次提及学院的优良传统给她带来满满正能量。“老一辈的科学家们是很好的标杆，大家都是本着对学科负责，对工作负责的态度在做事，这样的氛围督促我以他们为榜样，尽心尽力尽责。”2014 年的一件事，让叶雅璇至今难忘。当时学院组织国家级人才项目遴选工作，因多位申请人分别来自不同时区，学院聘委会和教授会在晚上 7 点开始组织视频面试，会议持续了近五个小时。“我们的教授在繁忙的教学科研之后，本着对学科对人才高度负责的态度，在和申请人进行了充分的交流后，又共同探讨应该遴选哪些优秀候选人加盟，他们是那么投入、那么用心，而我作为一个秘书，在这样一个优秀的群体，怎么敢于懈怠？”在采访中，叶雅璇提到了学院领导和教授帮助年轻教师成长的诸多感人事迹。她说，化学化工学院已经形成了举全院之力做好人才引进、培育和服务的文化，她看到一批批优秀人才来校后工作顺利、生活愉快，作为见证者和参与者，她感觉十分荣幸和开心。

四年前，叶雅璇从学院秘书调整到学校人事处工作，尽管岗位职责和内容有所不同，但她认为，人才人事工作者的身份没有改变，团队协作的精神不会改变。

“我家就在学校附近，每天走路来上班，不挤公交就觉得很幸福啦。”说这句话的时候叶雅璇脸上洋溢着笑容。她说，这就是生活中微小却又真实存在的幸福感。工作之余，叶雅璇喜欢打排球，周末一般都会留有半天时间和朋友们一起运动，感受挥洒汗水之后的放松和愉悦。

曾有句名言：“什么是不简单？把每一件简单的事情做好，就是不简单。什么是不平凡？把每一件平凡的事情做好，就是不平凡。”叶雅璇在其岗位上默默无闻地展现风采，奉献自我，“铿锵玫瑰别样红”正是对她最真切、最饱含深情的赞誉。

（撰稿人 \ 新闻传播学院 2019 级硕士　朱冉冉）

坚守己道，润物无声

——记厦门大学研究生院培养与管理办公室秘书苏月英

苏月英

1972年3月出生。1991年毕业后加入研究生院，担任研究生院秘书一职，主要负责研究生的学籍管理工作。2009年和2017年，曾两次参与修订《厦门大学研究生学籍管理规定》，提出分批制作颁发毕业证书、定期清理研究生学籍、明确学校对学生做出不利处置前应事先告知、听取学生陈述和记录事由等建议，草拟了转学、转专业、提前毕业、结业换发毕业等具体实施办法。入职28年，在平凡的工作岗位上勤勉尽责地工作，为老师、同学们热情服务，得到了他们的一致认可。2010年获厦门大学“优秀研究生教育管理工作者”称号；2013年获校庆管理类工商银行奖。其所在的学籍管理工作部门在2012年获得“全国高等教育学籍学历管理先进集体”称号。

有一句话说：“把每件平凡的事情做到极致就是不平凡。”事实也证明，如果在平凡的岗位上默默坚守、精益求精，同样能做出不凡的成绩。厦门大学研究生院的苏月英，就是这样一个在平凡的岗位上取得了不平凡成就的人。

尽职尽责　坚守岗位

众所周知，高校学籍管理工作是一项细致又烦琐的工作，它涉及学生基本信息管理、异动、注册报到、转专业、学籍学历电子注册、毕业证书制作、结业后换发毕业证等多项工作。苏月英自 1991 年毕业分配到研究生院工作以来，已在学籍管理岗位上工作了二十多年。当被问及为何能在这个看似平凡的岗位上默默坚守这么多年时，她从容地说道："我是机缘巧合找到了这份工作的，当你静下心来，把这份工作做精、做细，那对于我这个普通人来说也是一种成就。"

在二十多年如一日的工作中，苏月英面对的都是冰冷的计算机、重复繁杂的工作和看不完的学籍材料。每天都重复同样的工作，时间久了难免产生疲倦和懈怠心理，但是苏月英却能沉得下心，孜孜以求，专心做好日常工作。学籍管理工作繁杂琐碎，单单在学籍管理方面就有七八个文件，她却能将内容熟记于心，在援引条例处理问题时也是分毫不差。面对大量学子浩如烟海的学籍数据，苏月英仔细地对其进行分类归档，使其有据可查，在二十多年研究生管理工作中，摸索出一整套管理方式，有效地减少了差错。

在多年的工作中，难免会遇到一些情绪激动的服务对象，苏月英都能够尽量心平气和地去解释、安抚。碰到服务对象的不理解和诘问，她也不会去抱怨，而是会换位思考，力求妥善解决问题。善于倾听与沟通、热情服务、认真解决问题的工作风格让苏月英在多年工作中得到了老师和同学们的一致称赞。

苏月英在研究生学籍管理工作方面的突出成绩也得到了学校的认可。她在 2010 年获厦门大学"优秀研究生教育管理工作者"称号，又在 2013 年获得了校庆管理类工商银行奖。而在谈论到自己的工作成绩时，苏月英却只是说道："学籍管理工作是研究生培养的基石，这些信息我们进行管理的时候不能有错。我也没有什么骄人的成绩。获奖是别人对你的一种期许，自己也应该向这方面靠拢，不断完善自己。"

正如研究生院领导评价苏月英"多年如一日在做这份工作，目的一直都是做好这份工作和服务学生，不会有太多其他的私心杂念"一样，尽职尽责、兢兢业业的工作态度和不慕名利、淡然处之的人生态度让苏月英得以在繁杂的工作中沉下心来，二十多年来坚守在这个看似平凡却不平凡的岗位上。

创新进取　爱校奉献

2009年和2017年，苏月英曾两次参与修订《厦门大学研究生学籍管理规定》，提出了“分批制作颁发毕业证书”“定期清理研究生学籍”等建议，还草拟了转学、转专业、提前毕业、结业换发毕业等具体实施办法。

苏月英在处理学生退学事宜时能详细审核退学学生材料，以生为本，提出建议。在她的建议下，多位原本准备申请退学的学生放弃退学，从而有机会顺利毕业。例如：当发现申请退学的学生是硕博连读生，她就会和学院沟通，建议学生尽可能转为硕士培养然后毕业；当发现申请退学的学生是延期但已修完学分的，会通知学院尽可能劝学生打消退学的念头，转为申请结业，这样后续还有机会通过结业的方式来换发毕业证书。苏月英在此方面的多项创新建议帮助了这些学生，拓宽了他们未来的发展道路。

在推进“分批制作毕业证书”的学籍管理改革上，苏月英做了很多的思考和调研工作。“当时‘一年只制作一次毕业证书’的做法已经不适应日益增长的研究生规模。在我们进行了调研之后，改为每年‘分三次制作毕业证书’的做法。这既是对学生学籍信息的负责，也让我们的服务更贴近学生的需求。”此建议得到领导的大力支持并最终变成成文规定，自 2009 年起一直沿用施行，在施行过程中效果良好。作为较早推出“分批制作毕业证”措施的高校，苏月英提出的建议也有一些兄弟院校前来咨询参考和借鉴。

多年来，苏月英认真学习教育部关于研究生培养的各项政策法规，解读其含义和精神；积极响应学校“建章立制”的倡导，主动优化工作程序、做好工作记录，不断完善学籍管理工作办法，使得在实际处理问题时可以有据可循。对于学籍管理工作未来畅想，苏月英希望能早日实现“智能化办公”，让学生得以在线上完成众多学籍事项的申报，也能通过系统实时对学生的学业进行跟踪和预警，从而切实高效地服务研究生培养。

“‘厦大是一片田，你要耕种好自己的一亩三分地’。这是我毕业时一位老师给我的留言。我把我这项工作做精、做细，就是在我这片小田地上种出果实。我认真地耕耘，就能够有所收获。”不满足于简单地完成工作，苏月英在工作中追求卓越，能够积极主动地发现工作中存在的问题，创新性地提出自己的建议，力求提高工作效率，创新服务形式。

热情服务　关心后辈

在苏月英的办公桌上，同时放着两盆小盆栽，一盆还在抽枝发芽、生机盎然，而另一盆的根却已枯死了。苏月英笑着解释道：“这两个都是学生毕业临走时送给我的。虽然这一盆的根已经剪掉了，也不再开花，但是我还是想把它留下。可能是

苏月英

我平时工作的时候，不经意间表现出的态度让他们心中感到温暖，所以才会专门送个小盆栽给我。”除了小盆栽，苏月英还收到过一个蒙古的留学生回国前送她的马头琴小摆件以及出国留学学生回国后送的贴贴纸等小纪念品。这些小纪念品正是苏月英在多年工作中，勤恳工作、热情服务的最好见证。苏月英也希望用这些小纪念品给自己一个提醒：在未来的工作中，也同样要热情服务、耐心倾听、诚恳沟通，这些看似平常的工作习惯或许就会在不经意间温暖服务对象的心。

在苏月英身上，热情服务和坚守原则是完美融合的。学籍管理工作强调“立德树人，实事求是”。在工作中，她的温柔和煦就像一位“知心大姐姐”，但在原则问题方面，她严守规章制度，严格办事程序，绝不“徇私”。

此外，苏月英在工作中关心后辈、做好了“传帮带”的工作。在每年春节期间需要值班时，苏月英都主动承担了大年三十和大年初一的值班任务。苏月英多年来从事学籍管理工作，在此方面可以称得上“专家”，她敬业勤恳的工作态度和扎实的业务功底都从“言传身教”方面给后辈同事们树立了一个典范。

正如苏月英的一位同事评价道：“她对同事的付出是默默的，就像她的学籍管理工作，不是很有显示度。但正是这些点滴的付出让我们十分感动。”在整个集体中，苏月英像“老大姐”一样，将自己多年的工作经验悉心传授给后辈们。相信后辈们今后可以接过学籍管理工作的接力棒，为学校学籍管理工作做出新的贡献。

苏月英说她近年来特别喜欢的一句话是“莫舍己道，勿扰他心”。“每个人都有自己坚持的‘道’，我坚持的‘道’就是认真负责地做好每份工作、认真过好自己的生活。我对工作一直怀有一种敬畏之心，如果没有敬畏心的话，就不会想把它做精、做细。”我想这也正是苏月英为人处世、做人做事的座右铭。

（撰稿人 \ 公共事务学院 2018 级本科生　陈贺馨怡）

持之以恒，精研细节

——记厦门大学资产经营有限公司总经理助理李兰秀

李兰秀

1973 年 12 月出生。厦门大学资产经营有限公司总经理助理、人力资源部经理，具体负责厦门大学资产经营有限公司人力资源管理工作、离退休职工服务管理等相关工作。2015 年获得厦门大学春雨奖教金、厦门大学离退休工作先进个人荣誉。

她看着厦门从小城市变成国际性大都市，她经历了从“厦门建南集团公司”到“厦门大学资产经营有限公司”的发展，她在厦门大学学习工作已近 30 个年头。她就是李兰秀，厦门大学资产经营有限公司总经理助理、人力资源部经理。

刚刚见面，李兰秀就自言自己并不是一个突出的人物，二十余年来并没有做什么大事，仅仅是尽力做好各种各样的琐碎杂事。但正是这个“没有做大事”的二十年，让李兰秀赢得了整个资产经营有限公司同事的一致好评。

几度人事纷繁，三番专研工作

1990 年，李兰秀来到了还仅仅是一个小城市的厦门，相比于家乡，厦门并没有给她什么好的印象。“那时我对于厦门印象并不好，我刚到厦门的第二天，一出门就踩到一个臭水沟。”但是，就是这一个给了她如此糟糕第一印象的地方，成了李兰秀学习工作了大半辈子地方。

从厦门大学毕业后，李兰秀选择了留校，在厦门建南集团公司工作。也就是从那时起，李兰秀开始了自己“平凡”的一生。

厦门大学资产经营有限公司，前身为厦门建南集团公司，在 20 世纪 90 年代成立，负责经营管理学校的经营性资产、促进学校科技成果转化与产业化。李兰秀就是在这度过了自己二十余年工作生活，2009 年起担任人力资源部经理职务，具体负责的是纷繁复杂的人力资源工作。

“人力资源工作是容易得罪人的，因为它涉及每个人的切身利益。”在谈及对于人力资源工作的印象时，李兰秀说。但是 10 年下来，李兰秀与同事的关系并没有因为做这份工作而变得疏远。为了做好这份工作，她坚持秉公办事和以身作则。在同事眼中，从来没有见过她无故迟到一次，对待工作谨慎认真的李兰秀在每天的细节中深深地赢得了他们的尊重。

“我自己就是做人事的，只有我自己带头执行才能把这个制度落实到位。”这正是李兰秀坐在这个位置的心理独白，“况且我也没有理由来说，你必须遵守考勤制度，而我可以不遵守。”

资产经营有限公司管理的企业有不少是老企业，老企业因存续时间较长，人员情况复杂，历史遗留问题较多，职工信访较为频繁。李兰秀积极配合党委、部门工会，认真倾听职工诉求，查找相关政策和文件资料，尽力处理职工提出的诉求；对于无法解决的问题，也能配合做好职工思想工作，尽力化解矛盾。

资产经营有限公司人力资源部还负责退休职工的管理，目前人力资源部仅有两位工作人员，负责了 140 余位退休职工的服务管理工作。为及时了解退休职工情况，更好地服务退休职工，李兰秀在公司领导的支持下，邀请部分热心退休老同志担任小组长。由小组长及时反馈老同志的生活身体状况以及对离退休工作的意见。这就密切了公司与退休职工的联系。资产经营有限公司人力资源部管理的退休职工中有六十余位老同志为大集体编制的退休职工。2012 年 7 月，学校调整资产经营有限公司所属企业大集体编制职工的退休补助时，李兰秀带领相关人员，加班加点，研究事业单位在职职工及退休职工工资制度，翻阅了大量大集体编制退休职工人事档案，核对了大集体编制退休职工人事信息，及时将调整后的退休补助全部发放到位，获得了广大大集体编制退休职工的认可。

在人力资源工作上，李兰秀努力做好日常工作中的每一件事情，用自己的行为表达自己。这就是李兰秀的工作态度。

三十年热情不改，感染公司你我

“只要她一知道某位同事或者退休老同志生活有困难或身体健康有问题，她就会第一时间协调公司相关人员到他们家里慰问，尽力协调帮助解决相关困难。”当问起对李兰秀为人的印象，有同事这么说。她只要见到同事有困难，就主动帮忙，帮其分忧、分担。2015 年，有一位老师受伤住院。李兰秀每天都将饭菜送到病房中。在繁忙的工作下班后，她从公司回到家中，每天多炒一两个菜，打出一份便当，送到医院给同事。

工作中的李兰秀更是怀有一腔热血，默默地完成公司领导交办的工作。2019 年年初，资产经营有限公司综合事务部经理调离，暂时无人接手综合事务部工作。公司领导提出由李兰秀代管综合事务部一个月，她二话没说接下来这个任务。那是李兰秀小孩即将高考的最后五个月，正是十二年寒窗的决胜关键。后期由于种种原因，一个月的代管时间不断延长，当孩子准备高考的时候，李兰秀却在公司忙着两个部门的工作任务。当新的综合事务部经理上任时，李兰秀已经代管综合事务部四个多月了，而高考的尘埃也已经落定。可喜的是，李兰秀的小孩也如愿考上满意的高校。事后，资产经营有限公司党委书记忍不住感慨：“李兰秀真的让我感动，在那四个月，她从来没有和我提过要减少工作量。”

正是李兰秀的热情，让她与周围的人都建立了良好的关系，带动了整个资产公司的凝聚力。日常工作中，身为部门经理的她承担任务不推诿，也带动了大家的工作积极性。

2019 年九月份中旬，资产经营有限公司临时决定在国庆前要举办一场联欢会。而这时一切都还没准备。从那一天开始，以李兰秀作为总协调之一的联欢会筹备组便行动起来。李兰秀主动承担了最为烦琐的后勤保障工作。这么一个临时的筹备组，在十五天的时间内完成了收集节目、编审节目、排练、采购、定场地等一系列纷乱复杂的过程。最后一天借下的自钦楼会场，一直到中午十二点才拿到手，但

李兰秀

是下午三点便是联欢会开始的时候。于是李兰秀动员公司全体员工，中午一起奔赴会场布置。在这期间没有人有一句怨言，都认真地按照既定的分工完成任务。原定于两点完成的会场布置，一个半小时便完成。联欢会圆满召开，获得了公司上下的一致好评。

李兰秀正是以一份永远不变的热情，影响着整个资产经营有限公司的你我他。在对人上，力所能及之处，她及时伸出帮助之手；在工作上，主动承担责任，做事关心的不是这是谁的任务，而是能否做好。

“我真的没有什么值得写的呀，我就是做了自己力所能及的事罢了。”李兰秀，一位脚踏实地，数十年如一日的人事工作者；一位不忘初心，一腔热血为他人的温暖传递者；一位平平无奇，却是当下无数年轻人学习楷模的巾帼好前辈。

（撰稿人 \ 公共事务学院 2018 级本科生　高杨铭）

最普通而最特别的你

——记厦门大学后勤集团公环中心安防员郑丽

郑丽

厦门大学后勤集团安防员。2009 年 6 月加入安防部以来，从学生宿舍安防员做起，始终勤勤恳恳、脚踏实地开展工作，不断积累经验，提升业务能力和服务水平。2013 年 1 月调任学校大南校门工作，更加自我严格要求，努力起到模范带头作用。始终坚持文明执勤，服从领导安排、主动团结同事、认真学习岗位业务知识、注重提升个人素养和校门的服务质量，注重完善工作细节，充分发挥老员工“传帮带”的作用。认真登记外来人员、核实游客身份信息，耐心向师生及游客解释学校安防工作的各项规章制度，主动为师生提供力所能及的帮助，通过点滴付出，努力维持校门的良好秩序。

早上七点，校园里还是一片将醒未醒的样子；学生们还没有开始上课，校园里只有些许人影。还没有走到大南校门口，远远地就在来访人员登记处看见了郑丽。尽管时候尚早，但仍然不时有人员入校访问。看见我之后她露出了亲切的笑容，并招呼我在她身旁坐下，手上的功夫却没有停。她接过对方的身份证，认真核实进校人员信息，一一作了登记，严格把好进校第一关。严谨、专注是郑丽日常工作的真实写照。

“晨暮更替，她是平凡岗位的默默奉献者”

“勤劳啊，每天六点多就过来了。你看这边桌面，都是她擦的，然后那边的报备单，也都是她整理的。”同事林志强讲述了一些关于郑丽的日常工作细节，“我们也不会说什么假话，她做事情很细心，也很踏实。”林志强与郑丽相识甚早，从 2009 年 6 月郑丽加入后勤集团安防部到现在有 10 年的共事时间，对郑丽有深切的了解。

郑丽刚刚来到厦大工作的时候，做的是学生宿舍安防员。注重细节、踏实严谨的工作风格使得她能够出色地做好自己的本职工作，不断积累经验，工作也越做越好。2013 年郑丽被调任至大南校门工作，负责来访人员登记和游客信息核实的工作。登记处在校门保安室正前方，摆着一张桌子、一把椅子。这一坐，6 年的时间就过去了。

“最开始其实是有些抵触保安这个职业的，担心在日渐闲散的日子中消磨自己对生活的热情。但是接触之后发现这份工作虽然平凡普通却有意义。”当被问及最初选择这份职业时抱有怎样的期待，郑丽回答道。大南校门常常需要接待来访团队，游客数量也不在少数，工作量可想而知。厦大限流政策出台前人流量巨大，遇到节假日更是遑论休息，一整天工作下来对人是巨大的考验。“虽然她是女同志，但是上班、加班和男同志的时间和强度都是一样的。她主要是在这里做人员登记，然后刷身份证。你别看这就一个简单动作，实际一直重复起来非常累人的。特别是遇到节假日人多的时候，需要坐在那里从早刷到晚，人已经是很疲惫的了，眼睛和手都不行了。有时候我们就会跟她替一下，让她休息，她在其他时候也会帮我们的忙。”同事魏冬详细地描绘了郑丽的工作状态。从早到晚，这些动作，她一直做，也重复了 6 年。

因为工作出色，郑丽获得了很多荣誉：2014 年，她在厦门大学后勤集团“安全生产年”活动中表现突出被评为先进个人；2015 年，她被评为厦门大学后勤集团年度“感动后勤——我身边的好员工”；2018 年，她被评选为厦门大学三八红旗手。

“恪守原则，她是校门底线的坚定保卫者”

中午十二点半，正是人困马乏的时候，游客登记入口处却排起了长队。证件一递一还，郑丽神色专注，从不马虎。

几年的工作下来，她接触最多的，就是校门口形形色色的人，日积月累下来也有了一定的工作经验。“一般来说，学生和游客我们一眼就可以看出来了，就不一样，很好认。”说这话的时候她手抵着桌面，看向校门，这样的动作她已经养成了习惯。

郑丽的工作性质要求她做好人际协调、处理突发情况。有的游客不清楚预约制度白跑一趟，她会宽慰对方，并介绍 U 厦大的预约方法；有些游客没有预约，试图扮成学生混入校园，但却逃不过郑丽的“火眼金睛”；也有想强行闯入校园的，都会被拦下并耐心劝导。做好核实游客身份信息工作，劝阻未预约游客进入学校，是郑丽恪守的职责本分。同时，在多年的工作经历中，她也凭借个人优势，结合实际情况，及时灵活地处理了很多问题。在遇到游客和门卫有争执的情况下，她扮演了非常重要的缓解气氛与调和关系的角色。同事魏冬讲道：“我们每天要遇到不同人群，有这样一位女同志是很重要的，需要她来辨识、委婉地化解问题。”

郑丽脸上常常挂着笑容，看起来随和又亲切。即便在游客工作上面临许多挑战，可她总是充满了耐心。听到抱怨时，为游客作预约解释，安抚对方情绪；被问到参观事宜时，向游客宣传厦大历史文化，讲述厦大故事。在原则问题上，她严格按照规定，始终为学生安全、为校园安全考虑，从来不曾做出过一步退让。十年的时间，她认真严谨、尽职尽责，成为大南校门的一道坚定守卫线。

“热情助人，她是身边同事的优秀搭档”

在同事之间，郑丽收到的评价性关键词有“热情、大方、随和、认真、勤劳”，赢得了身边人的一致好评。这些年的工作，她从事的是基础事务，却能够在这里展现出她个人的独特魅力，同时帮助他人共同进步。郑丽是四川人，因为嫁给丈夫之后随行来到厦门。入职厦大，这里的同事便成为她除了家人之外的好伙伴。这些年在同一个工作岗位共事，相互帮扶，建立了深厚的感情。

随着校门管理的不断加强和电子信息技术的应用，游客信息核实可以依靠机器识别、人脸扫描等技术，郑丽不断增强自身学习和工作能力，结合丰富的工作经验，灵活运用工作方法，提升个人素养和校门的服务质量。同时，充分发挥老员工“传帮带”的作用，身体力行教授新员工对外来人员和外来车辆进行劝导，学习身份登记和核实的网络应用知识。她的同事陈景聪讲道：“我其实对她是很感激的。因为我到这个岗位也没多久，跟她也不是很熟悉。但是印象最深的就是她帮了我很多，很多不懂的都是她教会了我。我们刷身份证啊、电脑操作这些，她都教得很耐心认真，所以我内心是很感激她的。”谈话间的感动和信任溢于言表。

“同事间常常需要相互帮助。”郑丽这样形容道，“我们的关系就像兄弟姐们一

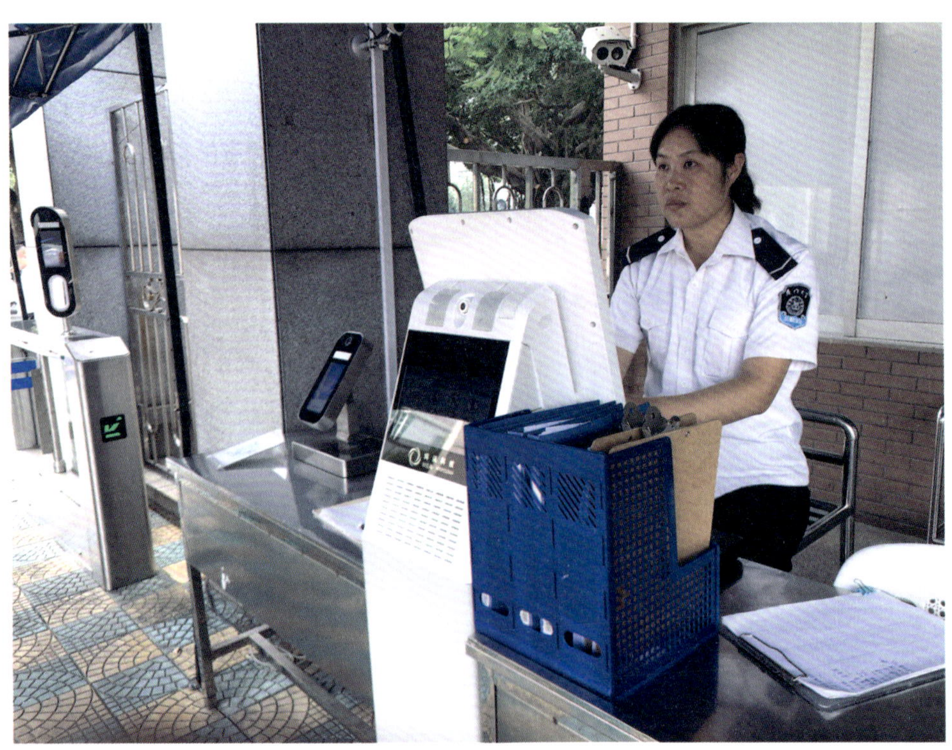

郑丽

样，很融洽的。有时候同事身体不舒服，大家就会关心他，然后替他（接替他的工作）。”在同事们的眼中，她乐于助人、热情率真。“她说话比较直，就很率直，工作比较认真，性格也很好的。”同事林皓歌提到他们不仅在工作中建立了良好的关系，下班之后也会不时聚会，一起去爬山钓鱼。

校门口安全的维护，离不开郑丽和其他安防员十年如一日的默默付出和守护。昼夜更替，她的身影，在大南校门的每一天。

由于工作性质，郑丽的个人时间比较有限。大多数业余时候，她喜欢陪伴孩子去图书馆，偶尔自己也会去逛街。最开始，重复性的工作有些枯燥，但日子久了也就习惯了。生活中琐碎的温暖也为她的日子平添了许多乐趣。“想过去旅游，想去云南看看，但工作在这里，就得把事情做好。”生活的方面也体现了她对细节的执着，对工作的上心，透露出朴实进取的精神。这些都为我们拼凑出一副郑丽的完整形象——细心踏实、勤劳热心，平凡而不平庸，她是校园安全保卫线的坚定基石，是无数基础岗位人员的优秀榜样。

（撰稿 \ 社会与人类学院 2018 级本科生　陈小迪）

一流后勤服务广大师生，全心全意打造“家的味道”

——记厦门大学后勤集团翔安校区竞丰餐厅经理黄小花

黄小花 中共党员。厦门大学后勤集团翔安校区竞丰餐厅经理。2004年，进入厦门大学后勤集团工作。2012年，负责筹备翔安新校区一期餐厅，满足了不同师生群体用餐需求，组建起完整的清真餐厅和小吃城。她带领竞丰餐厅全体员工获得“先进集体”的荣誉称号，而她本人也获得了后勤集团“先进个人”的荣誉称号。被授予“福建省高校优秀共产党员”荣誉。

第一次见到黄经理，是在海韵学生公寓的饮食服务中心办公室。她刚刚开完会，端着两杯茶水走过来，一身朴素的工作制服，让人很难想象，这就是肩负着新校区第一个餐厅筹备工作的负责人——黄小花。而她的工作，也正像她本人一样，于平淡中的话语中叙述着一个关于服务与奉献的光辉故事。

变化的工作地点　不变的厦大情怀

说起对厦门大学的印象，黄小花笑着说，“厦大很美丽、很美好”。

2004年7月，刚刚大学毕业的她来到厦门大学后勤集团的饮食采购中心工作，后又负责餐厅的现场管理；2006年5月，黄小花开始着手凌云餐厅的筹备工作；2010 年，东苑食堂清真餐厅的筹备工作又落在了她的肩上；2011 年，由于原来的经理休产假，黄小花又前往公寓一期食堂抓团队建设；2012 年春节后，她又主动接受挑战，参加翔安校区竞丰餐厅的筹备工作……

15 年，4 家餐厅，2 个校区，黄小花见证了厦门大学发展的点点滴滴，也把所有的青春和热情奉献给了厦门大学。每一个食堂都各有特色，每一个食堂都给予了黄小花不可多得的锻炼。她说“自己是有厦大情怀的”，没能在厦大就读是一种遗憾，但是服务厦大师生、把厦门大学的后勤服务做到一流水准同样是她热爱厦大的一种方式。“课堂是教学育人，我们是服务育人”，无论在哪个工作岗位上都是伟大的。

这 15 年里，黄小花也经历了复杂的心理变化。初来厦大时怀着梦想和干劲儿，长期的一线工作又让她产生心理的落差。不过，在老一辈后勤人的谆谆教导下，在学校的氛围的熏陶下，黄小花也逐渐认识到后勤这份工作的意义。

黄小花说，她把厦大饮食中心当成了自己的一个家。经营食堂就像经营一个家庭一样，食堂是大家庭，经营这个家庭需要有一种强烈的使命感和责任感，一边要

黄小花

服务好广大师生，一边也要对员工负责，这么多年坚持下来，“还是很快乐的”。

新校区的新挑战　新节奏的新标准

说起翔安校区竞丰餐厅的筹备工作，黄小花如数家珍。她坦言，最早要接手竞丰餐厅的筹备工作时，是经历了一番思想挣扎的。家里的孩子刚上幼儿园，翔安校区又比较远，要下这个决定很不容易，是家人的支持给予了黄小花勇气。“家里头就是我坚强的后盾，应该说，我们后勤工作人员的后面有一支强大的队伍，强大的后勤保障人员（家人），来支持我们的工作。”“筹备餐厅最忙的时候，有时要一两个月才能回一次家。”

黄小花说，餐厅是提前 1 年时间投入运转的，筹备和施工的时间也因此被极大的压缩；加之翔安校区当时周边比较冷清，竞丰餐厅成了师生用餐唯一的选择，这要求他们必须高标准高速度地完成这项任务。“外边还在施工，我们就要进到里面开始布置了。”在门窗还没有安装好的情况下，黄小花带着她的团队从碗筷开始列清单，以最快速度投入到了筹备工作中。

新时代新标准，为了找到最好的那台设备，把它运用在新餐厅的建设上，黄小花两天内走访了省外包括浙江大学等在内的 7 所高校，只是为了找到最匹配的硬件设施，把它运用到新餐厅。竞丰餐厅现在使用的霍巴特洗碗机设备就是当时黄小花走访调研的结果，这也是德国工厂第一次生产这么大型的洗碗机，能够在 6000 人同时用餐的情况下保证每一只碗都经过符合标准的清洗和消毒。桌椅的设计同样经过精心测算，结合现代人的身材特点，黄小花在好几个设计样品中选择了现在的这套桌椅。它既能让用餐者身体更加舒服，又能满足不同人群用餐的需求，体现了厦大餐厅的人文关怀。

当时的翔安校区，由于基础设施不完善，断水断电是常有的事。断水时，需要用卡车从当时的一个水井往餐厅运水；没电时，需要使用燃气炉等保障正常的食物供应；为了确保食品安全，在最初的日子里，甚至需要工作人员值守在餐厅各个出入口……正是在这样的艰苦条件下，竞丰餐厅如期完成筹备工作，为当时的施工人员、搬去那里的老师们做好一餐餐可口的饭菜，使他们更好地投入到新校区建设中。黄小花也在这样的环境中，事无巨细地安排着工作，迎接着一个个新的挑战。

2016 年，为迎接厦门大学 95 周年校庆活动，翔安校区新建教职工活动中心，内设有教工餐厅，黄小花肩负着重担，在保证竞丰餐厅的日常工作情况下，负责筹备教工餐厅工作。她对教工餐厅供餐方案积极调研，每天都要到现场了解工程进度，保证有序且高效地工作。试营业期间，积极同老师们交流，了解用餐意见，同餐厅厨师交流改进菜肴质量，并逐步完善餐厅环境的布置。4 月 6 日校庆当天，教工餐厅以全新的面貌正式营业，迎接为母校庆生的校友和在校区工作的老师。

平凡工作不平凡 始终如一为师生

作为后勤工作者的一员，黄小花形容自己的工作是“一天到晚见不到太阳的”——早上天没亮就起床；晚上下班的时候，太阳已经下山了。作为后勤人，餐厅的工作是琐碎的、繁复的，来到餐厅，要检查员工晨检记录、员工操作习惯，时时关注师生的用餐情况等等，有时还需要准备一些会议的茶歇或冷餐会。黄小花说一年到头都在忙。

说起每个餐厅的意见本，黄小花很重视。如果留言上有电话，她通常会打电话过去解释情况，提出解决方法；没有留电话的，她也会在后面留言回复。黄小花说，厦大的食堂属于厦大自己，不为利润，是为师生服务的。在这样一个猪肉价格飞涨带动各种副食品涨价的时期，厦大食堂仍然坚持 8 毛钱一个的水煮蛋，“其实成本都不止这些了”。厦大实行免费米饭，她说这项措施既让经济困难的同学能吃饱，也照顾了他们的自尊。她特别提到，实行免费米饭后，被浪费掉的米饭反而减少了，“厦大的学生用餐很文明，懂得自行分类”。

为了能更好地做到食品安全以及创造良好的工作环境，后勤集团饮食中心推行 5D 管理体系，黄小花带领的竞丰餐厅作为 5D 管理体系的首家落地实行者，最直观的体现是，餐厅的整体环境和生产经营得到大大改善，完善了工作流程，提升了工作效率，为新时代食品安全提供一流餐饮，为学校“双一流”建设添砖加瓦！

（撰稿人 \ 新闻传播学院 2018 级本科生 李天昊）

甘做“螺丝钉”，十八年乐在其中

——记厦门大学国际学术交流中心会场服务部经理花素平

花素平 厦门大学国际学术交流中心会场服务部经理。2001年进入厦大开始从事服务业，现已在岗位上工作了十八年，但对工作的热情丝毫不减，始终坚守着为学校服务的初心，发扬螺丝钉精神。她有着卓越的服务技能，入职第二年便获得厦门大学“国际学术交流中心优秀服务员”称号，并在服务业比赛中斩获佳绩，拿下2007年厦门市旅游行业服务技能大赛二等奖和2008年厦门市第十三届职工技术比赛旅游行业技术能手称号。除了过人的技能和螺丝钉精神，花素平还有着优秀的领导力，获得同事和员工的一致认可，并荣获2005年厦门大学“国际学术交流中心优秀领班”、2008年和2011年厦门大学“国际学术交流中心优秀管理员”等称号。

“昨天晚上我忙到七点多钟才回去。因为临时接到电话说主楼突然有一个茶话会，要求我们送一些水果并安排一个人服务。那我就马上要处理这个事情，确认时间、地点和服务人员，还有水果的品种、几点钟送到这些细节。”花素平每天的工作都要处理无数件这样琐碎的事情。服务型的工作就是这样细微琐碎，还经常加班加点，很多人都望而却步。而花素平却乐在其中，并且她一干就是十八年。

“会场服务部就像是一颗不起眼的螺丝钉”

“服务性行业就像一颗不起眼的螺丝钉，但也是学校‘双一流’建设的重要保障。”正如花素平所说，会场服务部的工作，隐藏在干净整洁的会场、适时恰当的茶点和井然的会场秩序之中。

貌似简单的会场服务，真正做起来却十分考验沟通能力。会场服务的活动五花八门，有学校的会议、校内外培训班，以及演出和音乐会，这就需要与不同的需求方沟通。会场涉及的部门也很复杂，有涉及工程的、营销的、器材电器的，还有安保。因此与相关部门的协调就成了花素平工作中的挑战，但她亲切的笑容和卓越的沟通能力使得这一挑战“算不上什么难事”，其他人协调不了的难题也常常需要花素平出面化解，正如员工赖海芳说：“只要她一出面，问题都可以顺利解决。”

除了优秀的沟通能力，会场服务还要求细心和耐心。“会议使用的 LED 屏的清晰度、色彩度，字的大小，这些都是要精心调试的。重要的会议还要彩排，彩排过程中就一直去找问题”，“所以说这个就像舞蹈演员，真的是台上一分钟，台下十年功，大家看不出背后付出的汗水”。会场的服务需要细致到每一个角落，为了做好“螺丝钉”，前期准备工作花素平都做到全程在场。

“我总觉得只要把事情做好了，我就很有成就感”

如何在一个“螺丝钉”岗位坚守 18 年，还一直热情不减？

花素平给出了答案：“我总觉得只要把事情做好了，我就觉得很有成就感，很开心，不管它是多么微小。”有人说从事自己喜欢的职业，才能长久地做下去，花素平非常赞同。她说，她喜欢厦大也喜欢服务业，这份工作带给她的，不只是工资，还有愉悦感和自豪感，“我觉得在学校里面，服务的人都是社会的栋梁，这真的是一件很幸福的事情。”

能在一个服务型岗位热情洋溢 18 年，还有一个重要原因是工作上的成就感。

“在我们这个工作的群体里，机会还是蛮多的，可以靠自己努力争取。”2001 年入职的花素平 2002 年便获得了厦门大学“国际学术交流中心优秀服务员”称号，2005 年又荣获厦门大学“国际学术交流中心优秀领班”称号。

“这段时间下班回家前我都会在办公室静一下，画几笔。”最近迷上画画的花素平说，“要从每天的生活中找到开心快乐的事情。”画好一幅画、客户的一句称赞，都能让她心情愉悦。

“要让客人觉得他们是被我们重视的”

为了客人的一个满意反馈，花素平可谓下足了功夫。

在她的工作中，与客人的沟通贯穿全程。会议筹备阶段，她会提前与会议的会务组对接，了解客人的要求。会议结束后，她也会主动与客人沟通，“我会问客人，有没有需要再加强的环节，对设备、服务、环境等有没有不满意的地方”。“假设今天会场的空调很冷，客人跟员工说了，但是员工没有及时去调。会议结束之后，我会主动去跟客人沟通，他才会觉得被尊重了。假设我没有主动去找他，可能客人就挺生气的，觉得没有人重视他。”

除了自身做到与客人多沟通，她还要求员工对客人反馈的问题要及时答复。这样及时主动沟通是为了让客人感到被重视，这是花素平的服务准则，也是她做好服务的秘诀。

“花姐姐”的三大秘诀

花素平依靠她高质量的服务和热忱的工作态度，从普通员工一步一步做到了经理，并且在管理岗位上颇有成果，曾获 2008 年和 2011 年厦门大学“国际学术交流中心优秀管理员”。大家都评价她“领导能力很强”，亲切地称呼她“花姐姐”，那么，花姐姐究竟有何管理秘诀？

秘诀 1：“我每天都在学习”。

花素平认为，管理者要有模范作用，自身业务水平要高，她也是严格按照这个标准去做的。对于她的能力，同事和员工都是赞不绝口。与她共事多年的李锦滨，十分佩服她的沟通能力和思维能力，“比如说上次这边有个客人丢了东西，非常激动。她过来之后，几句话下来客人马上就心平气和。后面这个事情也是圆满解决了”，“还有一次我写一个报告，我就卡在那个点，但是她一看那个标题，几句话就帮我厘清了思路”。

尽管能力优秀，而且已经获过 2007 年厦门市旅游行业服务技能大赛二等奖、2008 年厦门市“第十三届职工技术比赛旅游行业技术能手称号”，花素平仍然在不断提升自己，她每天都坚持学习“学习强国”，真正发挥了“学习模范”的作用。

秘诀 2：“一定要用心去关心员工”。

花素平对员工很是关心，员工也能明显感受到她的热情。员工赖海芳在今年冷餐会时摔伤了脚，还是想坚持上班，但花素平执意让同事送她去医院。“她还帮我上药，怕我痛还帮我按摩、冷敷，”至今赖海芳仍满怀感激，“我现在想起这件事都很感动。”除了平时体贴员工，节日给员工发短信问候，花素平还会尽力为员工争取福利。“我也是工会的成员，能替员工争取的福利，我觉得还是要尽力去帮他们争取，特别是一线的员工。”

秘诀 3：“我特别理解员工的心理状态”。

因为“我曾是你”，所以“我理解你”，花素平是从基层员工做起来的，所以她很理解员工的感受，在管理中也能换位思考。“员工犯错误的时候，我绝不会第一时间去责怪批评他们，我肯定要先了解原因。”今年十一黄金周，有一个平时不迟到的员工迟到了，花素平没有直接责怪，而是先了解原因。原来这个员工是从岛外赶回学校，遇上了假期严重堵车。感同身受地了解员工的心理状态使得花素平能更好地引导员工，同时员工也满怀感动和感激，这就塑造了良好的工作氛围，提升了工作效率。

花素平

花素平说“我很平凡”，但正是这平凡创造了不平凡。在一个平凡的岗位坚守18年就是不平凡，将平凡的工作做到极致也是不平凡。正如习近平总书记所说，“伟大出自平凡，平凡造就伟大。只要有坚定的理想信念、不懈的奋斗精神，脚踏实地把每件平凡的事做好，一切平凡的人都可以获得不平凡的人生，一切平凡的工作都可以创造不平凡的成就”。花素平形容自己是“螺丝钉”，但她更像是“花”，在这面朝大海春暖花开的厦大，她是一朵素净、平实的花，点缀着最美校园。

（撰稿人 \ 新闻传播学院 2017 级本科生　吴丹）

爱自己的职责，爱自己的本分

——记厦大医院总护士长叶桂香

叶桂香

厦门人，中共党员，在厦门大学医院从事护理工作 10 多年。历任普通护士、急诊科护士长，现任厦门大学医院护理部总护士长。2003 年，叶桂香来到漳州校区筹备门诊部、校区医院，建立起了漳州校区医院，保障了校区师生和周边群众的健康，同时每月下乡承担周边乡村的预防免疫工作。2007 年至今，叶桂香利用专业特长在业余时间做义工工作，在巾帼园心理咨询中心、红十字救护培训志愿服务队、红十字心理咨询志愿服务队、前埔社区心理咨询中心等多个机构担任义工。2016 年获厦门大学三八红旗手称号。

将近 30 年的岁月荏苒，那位站在一线的白衣天使没有改变过，叶桂香护士长一直在一线从事着最平凡琐碎而繁忙的工作，不怕脏、不怕苦、不怕累、不惧感染的风险，时刻以救死扶伤，全心全意为人民服务为天职。她像蝴蝶一样轻盈，像羽毛一样温柔，她每天都穿梭在各个病房与护理部办公室之间，冲无数的盐水、打无数的点滴、写无数的护理记录，在这个没有硝烟的战场之上，每天，将简单和平凡演绎成无数个精彩。

爱工作一爱二十余载

叶桂香护士长从志愿成为一名护士开始就将自己的责任放在了第一位，将自己在自我心中的地位一步步地后移。多少次的流感、多少次的突发情况，那一位白衣天使都在不停地穿行在急诊科和各个病房之间。医院永远是对抗病情的第一线，而急诊科则是医院面对突发情况的第一线。

20 多年来，从一个普通的护士到现在的总护士长，叶桂香护士长从来没有离开过急诊科的第一线，她从未考虑过自己，又或者说她一直将自己摆在了她的使命之后。她的眼中，是一个个渴望健康的患者，她脑海中只有救死扶伤的天职。她的一切行动正像她一遍遍对其他护士说的一样："我们面对的是生命，没得商量。"

时间能改变许多事物，但从来改变不了叶桂香的信念。20 多年来，医疗的条件发生了巨大变化，各类新的仪器和技术问世；20 多年来，叶桂香的身份在变化，从一个普通护士到急诊科护士长再到厦大医院的总护士长；但这 20 多年来，那个奋斗在急诊科一线的身影从未改变，只要病人有需要，她就会在第一时间出现。那个所有病人亲切而熟悉的白色身影，带给了他们安心与温暖。"护士的五心——真诚心、爱护心、同情心、关怀心、忍耐心都不如真正地入心。"她这么说也这么做，真正做到了去关怀每一个病人。采访时在医院里随便碰上的一个老奶奶，她都与对方热情地交流，她的笑容带给了病人们温暖，病人们的笑容带给了她最好的回报。

爱家人一爱倾己所有

三年前，一场不幸突然降临到了叶桂香家中，她的母亲出了一场车祸，抢救了许久都没有脱离危险。在厦门市第三医院将她母亲抢救回来后，她的母亲也因为车祸变成了植物人，至今依旧毫无知觉地躺在医院的病床上。

"我跟我妈这辈子做母女，下辈子不一定会，而且不一定要下辈子，所以我很珍惜。我很愿意付出我所有的东西，包括精力、体力、财力、能力，还有耐力，什么都可以，只要能够照顾好她。"叶桂香在抢救自己母亲这件事情上没有过任何犹豫，哪怕希望再渺茫，哪怕母亲基本再也不可能醒过来，哪怕病危通知书下了一次又一次，哪怕医院都让她准备过段时间可能要领死亡证明，她都没有考虑过放弃。

叶桂香工作的厦门大学医院和她母亲住院的厦门市第三医院之间有着将近 40 公里的距离，但距离丝毫影响不到她的孝心。她每天在下班或者加班结束后赶去同安区照顾自己的母亲，亲自给母亲准备食物，再给母亲舒展活动肌肉，常常要下半夜才能回到家。在她母亲病情加急的两天，她整整 48 小时没有睡过一小会儿，但是三年来她从来没有迟到过。她的付出或许在许多人眼中都在打着水漂，但一切在她自己眼中都有着意义——“生命本身就是意义”。三年来的坚守，她母亲的情况终于稳定了下来，一如三年前一般慈祥。出现在一般的长时间植物人身上的体重大幅下降、肌肉萎缩的情况基本都没发生，在叶桂香三年如一日的守护和陪伴下，她的母亲能够睁开了眼，这是一个用三年坚守才能盼来的奇迹。

爱“平凡”却因此不凡

“我身边优秀的人有很多，他们更适合被推荐被采访。”这句话叶桂香总护士长在整个采访的过程中说了不知道多少遍。她的付出感动了她的领导厦大医院工会杨晓建主席，感动了和自己一起在护士岗位上奉献了 20 余年的同事，感动了一个又一个新来到医院的护士，也感动了来采访的人。但她做的这一切，在她眼中都是自己微不足道的贡献。

“我只是尽我自己的职责，做我自己的本分罢了，工作是我的职责，照顾母亲是我的本分。”她摆了摆手轻描淡写地说道。工作是职责，但她 30 年如一日地坚守在第一线，每一次加班拖班时她都第一个选择留下，每一次疫情时她都第一个站在了急诊科；照顾母亲是本分，但她在家里所有人都放弃的时候选择了坚守，用自己的一切去换取一个或许不存在的希望；在本分和职责外，她一次次的义工活动、一次次的医疗知识宣传讲解都被她忽视了，她看到的只有其他人奉献出的精力，而把自己的一切当作了理所当然。她眼中的自己的平凡，是其他护士口中“应该说 99.99% 的人是做不到”的奇迹。

叶桂香总护士长说自己平凡，在其他同事眼中就像苏格拉底说自己一无所知一

叶桂香

般，身在山中才不知真面。直到采访结束，她依旧在说着一开始的话“我只是在做自己的职责、做自己的本分。她们其他人都更优秀”。只不过她一切的付出落在了我们每个人眼里。

爱规划才有了一切

面对种种困难，叶桂香总护士长总能乐观地说：“没事，会有办法的！”她的办法不仅是她的乐观与坚强，更是来自于她的完善的规划。

“职业需要规划，生活也需要规划。”她规划好了学习的方法，借助着一切零散的时间碎片，学习了工商管理、会计、心理咨询、EAP 咨询等学科；她规划好了照顾母亲的点点滴滴，用自己的一切换来了母亲生的希望；她规划好了社区的医疗知识宣传，红十字会和一个个社区都记住了她的身影；她规划好了自己一切的空暇，将自己的整个人生奉献到救死扶伤的第一线。她规划好了一切，唯独忽视了自己。

（撰稿人 \ 公共事务学院 2018 级本科生　陈斌）

三

援鄂抗疫篇

一往直前，向险而行

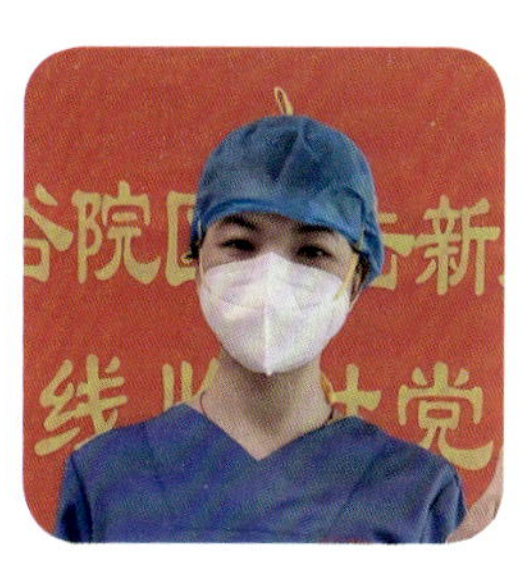

——记厦门大学附属翔安医院援鄂医疗队主治医师胡群

胡　群　临床医学硕士，厦门大学附属翔安医院呼吸内科主治医师。2020 年 2 月 9 日—3 月 31 日参加援鄂国家医疗队厦门二队，获“抗疫先进标兵”。擅长肺部影像学诊断、肺部疑难病例诊治，肺部常见病和危重症的诊治，曾获“全国百佳优秀住院医师”奖。

采访之前，笔者只听说胡群是个收到驰援武汉通知时，就立马从湖南老家赶回、第一时间报名的勇猛妹子。在厦门大学附属翔安医院医疗队的合照中，笔者看到的胡群医生，虽然戴着口罩，但也是个萌萌妹子的模样；只露出一双眼睛，但似乎又写满了故事。采写本文时，胡群还在武汉，相关信息都是电话联系。

“若有战，召必回”

胡群一接到医院通知，就立马决定从湖南老家赶回厦门。出发前那天晚上，胡群妈妈帮忙收拾行囊，没有特别的叮嘱与告别，似乎和往常一样。第二天中午，在高铁上的胡群饿了，想从背包里取午餐时，才发现妈妈竟然忘了给自己准备干粮零食，心里五味杂陈，立马明白，妈妈强撑着平静的背后，原来是多么的“心猿意马”。后来，她还得知妈妈几天吃不好睡不好，满是担忧却又舍不得让女儿为难。

爸爸则说："这是大善之事，注意安全，平安归来。"寥寥几句，也是道不尽的担忧与祝愿。

"为什么想要去武汉呢？"当被问到这个问题，胡群答道："大概是因为从小就喜欢医学，希望帮助更多人吧。"前往厦门时，胡群在永州站拍了一张照片，简单的行李，以及坚定的大步向前。

2003年，胡群还只是个住校的中学生，对当年的SARS了解并不多。她只记得在校园里，自己被家长被学校被国家保护得很好。而当年那个被保护的人，现在长大了，想着保护他人。从步入医学的殿堂起，忧国忧民的情怀便指引着她不断前行。

新冠疫情暴发之初，胡群就密切关注数据的波动与变化，并在朋友圈解读数据，做着健康知识的科普和传播工作。周围人焦虑不安，而胡群回应道——"做好防护，不必惶恐，剩下的交给我们就好了。"一句简单的话配上奋斗的表情包，自然而然地安抚着人心，正如她所说"首先要自己有自信，才能将这种自信传达给身边人、给病人"。

2020年1月24日，本应是阖家欢聚的日子，依着"若有战，召必回"的誓言，胡群第一次在厦门，和科室的战友们一起度过了这个特殊的除夕。新的一年，她在朋友圈给大家的祝福是："祝大家双肺纹理走形、分布正常，肺内未见实质性病灶，肺门不大，纵隔居中，心影不大，膈面光整，肋膈角锐利。血尿常规正常，CRP正常，核酸检测阴性，鼠年新春快乐！"来自专业医生专业话语的祝福，是最实在的、也最为人民所需要的祝福。

作为一名呼吸内科主治医师，2020年2月9日，胡群与厦门医疗队的队员们一起，踏上了驰援武汉的征程，进入华中科技大学附属同济医院光谷院区重症病房。

"方法总比困难多！"

回忆起初到武汉时，胡群说道，一切都是陌生的，一切都充满挑战。厚重的防护服，压得鼻梁生疼的护目镜，层层包裹带来的不仅是呼吸不畅，还有6个多小时的不吃不喝、口腔干涸、嘴唇干裂。当然，除了最基本的生理需求无法满足之外，压在心头的更多的是刚投入工作带来的紧张以及对诸多情况不明的忐忑。

“‘不计报酬、不论生死’就是我们的生死状，病毒侵占的医院，我们就像一名名“死士”，不惧风险，勇往直前。”胡群用这样一句话来鼓励自己。在家里是父母呵护着的宝贝，在病毒面前，她则是独当一面、救死扶伤的女战士。

“进去以后就什么都不想了，眼睛里看到的心里想着的，都是病人。”“医生的职业感油然而生。”胡群说道：“在病房里是不会产生退缩心理的，在这里，我就是病人的依靠。”有句话说得好，“哪有什么白衣天使，不过一群孩子换了一身衣服，学着像前辈一样，治病救人，和死神抢人罢了”。而胡群，就是这些白衣天使里的一位。

“办法总比困难多。”胡群接诊的病人中，有一位重型新冠肺炎患者，稍微活动就会气喘，即使简单交谈都感到吃力。在看了他的胸部 CT 片之后，胡群发现病灶是以双下肺为主的弥漫大片实变影，胸膜下病灶实变更为明显，而近端大气道旁肺组织的密度相对较低。实变影说明患者肺内病灶内存在大量炎性渗出物。她对患者说：“你平时不能老躺着，可以趴着睡，不一定要趴很长时间，不舒服了就翻过来。”患者尝试了一次后，因为很难受放弃了，还产生了不满的情绪。胡群耐心解释道：“你的痰都在肺的底部，如果一直躺着就更加咳不出来。趴着就像把水瓶里的水倒过来一样，痰动起来了就会刺激你的支气管，帮助你咳嗽并把痰咳出来，咳出来后病就好得快了。”在胡群医生的帮助下，患者将信将疑地再次趴了过去，一会儿患者突然出现剧烈咳嗽，咳出一大口白色黏痰，并笑着说“舒服多了”。之后他每天都坚持间断地趴着，同时服用胡医生给他加的两种化痰药，症状一天天好转，几天后再去查房时，发现他说话已精气神足，完全没有了前几天病恹恹的样子了。

有了这样一个成功的案例后，胡群开始在医嘱里增加化痰药，并强调患者每天都要趴着睡一会儿，进行体位引流，把肺里的分泌物“倒出来”，并嘱咐护士们帮助病人翻身。这个方法的发现缩短了诸多病患的治疗过程，也让同队的医生们充满斗志，增加了他们早日战胜病毒的信心。

“人文关怀比医术更重要”

“从来没有医生像你这般认真，像你说的这样详细，现在我们很清楚自己为何得病，我们需要做什么，并且我们也更有信心了。”重症病房里的几个老爷爷慢慢都变成了胡群医生的“粉丝”。

“有些病人或病人家属不断追问病情，其实不是因为他们真的啰唆，而是因为他们关心家人，但同时又对病情不了解，所以焦虑，所以多问了一些。若我们能懂得换位思考，‘急他们之所急，忧他们之所忧’，我相信，医患关系也不会这么紧张，甚至可以变得很亲密。”在采访中，胡群说：“很多时候治病救人，人文关怀比

胡群

胡群

医术更重要。医生治病，更多的时候需要聆听患者的心声。”确诊时，对疾病的恐惧、对生命的未知、对自由的向往、对家人的思念……这些都会使得一些病人十分焦虑，而情绪上的失控可能带来附加的疾病，这个时候最重要的就是带给他们最诚挚的关心和鼓励。

一位老爷爷刚做完心脏手术不久，不幸染上新冠肺炎，刚转至医院重症病室时脾气暴躁，拒绝告知过往病史，一时成为棘手的难题。胡群多次耐心地与老爷爷交谈，向他解释心脏供血与心率的关系，心率与情绪的关系，慢慢打开老爷爷的心扉，让他能打开心结，愿意沟通，配合治疗。

当问及疫情结束之后想做些什么，胡群坦诚她的心路历程：“最初的想法是回去湖南老家，和父母住一段时间，让他们心里更踏实更安心。但是现在国外疫情日益严重，确诊和疑似病例的数字一直呈上升趋势，也让人担忧。医者仁心。这些并不是简单的阿拉伯数字，而是一个个鲜活的需要帮助的生命，看到那些国外上涨的数字和曾经看到武汉确诊病例增加时的心情是一样，都很担忧和着急。所以如果有机会的话，我愿意参加对外援助。”灾难面前，没有人是旁观者，心念世界的胡群，希望能发挥自己更大的力量。

“人生因为有意义才会更加精彩”

到达武汉后，胡群在辛苦工作之余，尽量坚持每天写“战地”日记。有日常生活的各种感受，也有专业的工作思考。“下班回来的路上兴奋不已，太久没看见雪了，从医院到酒店一路都在拍雪景图片和拍视频。”“有人说，医生的工作很辛苦，疫情中的工作是又辛苦又危险的，可我觉得不尽然，因为这份工作很有价值，人生因为有意义才会更加精彩，不是吗？”“等疫情结束，我要好好吃一顿海底捞，要麻辣味的！”

谈到家人，胡群说，工作之余也会选择在自己状态好的时候接听妈妈的视频电话，让妈妈少些担忧，多些安心。听说家里的两个小侄女还会指着电视新闻中穿得像大白一样的医生说“快看，这是姑姑”。

脱下医生的“战袍”，生活中的胡群就是个可爱的小女生，会因为初雪的降临而欢呼雀跃，会因为剪掉长发而觉得惋惜，会因为病例讨论会上台发言而感到紧张，会因为治愈出院患者的感谢而欣慰……

“特别庆幸自己有机会来到武汉工作一段时间，作为医生，有这样一次特殊的经历，值得。”在过去的一个多月，胡群和她的“战友”们一起经历了一场与死神的搏斗。“除了不舍还是不舍吧，武汉应该是我除了家乡以外印象最深刻也最难忘的地方了。”吃过苦，也流过汗；累过，也笑过，在这里发生过的一切都将深深地刻在胡群的生命中。就算戴着口罩，也能从胡群的眼睛里看到明媚的笑意，让人感到生活的美好与远方的光亮都是能够抵达的。

（撰稿人\ 新闻传播学院 2019 级硕士　朱冉冉）

“90 后”最美逆行者，是天使也是战士

——记厦门大学附属翔安医院援鄂医疗队护师张楠等

张　楠　生于 1994 年 3 月，厦门大学附属翔安医院急诊医学科护师，2020 年初因新冠疫情驰援武汉，3 月 15 日被批准火线入党，成为中共预备党员。

陈秋梅　生于 1995 年 6 月，厦门大学附属翔安医院手术室护师，中共党员。

熊慧芳　生于 1993 年 12 月，厦门大学附属翔安医院消化内科护师，入党积极分子。

2020 年 2 月 9 日上午，厦门大学附属翔安医院 12 名医护人员出征驰援武汉，“90 后”女护士张楠、陈秋梅、熊慧芳等 8 位女医护人员义无反顾踏上了征途。在抗疫的最前线，她们是白衣天使也是巾帼英雄，冲锋在前，毫不畏惧。

携手共度　并肩作战

面对突如其来的疫情，早在 1 月，厦门大学附属翔安医院急诊医学科护士张楠就瞒着家人第一时间请缨驰援武汉，成为院内报名的第一人，而她期待去往一线战“疫”的强烈意愿也终于在元宵节这天得以实现。

张楠

作为一名“90 后”，去武汉抗疫之前，张楠只是一名普普通通、活泼开朗、爱岗敬业的急诊科护士，如今她的名字和事迹登上了包括《人民日报》在内的国内诸多媒体，成为“90 后”新时代青年的楷模。

张楠和男友陈前贵都是厦门大学附属翔安医院急诊医学科的护士。刚开始，陈前贵是不忍心女友去的，作为医护人员的他深知病毒的危险。张楠却对他说：“灾难面前不能后退，只能略尽绵薄之力，申请入党这么多年我都能坚持，上前线是我的梦想，若我不去，肯定一辈子都会遗憾。”2 月 9 号凌晨两点，张楠接到陈前贵的电话：“援鄂，我跟你一起去，就算带你回老家了，疫情结束咱俩去我家转转。”陈前贵的家乡在湖北黄石，那是一个离武汉非常非常近的地方，站在黄鹤楼的顶层眺望，甚至都能分辨出黄石的方向。

抵达武汉之初，在给张楠剪头发的时候，张楠没哭，陈前贵却差点哭了。他们互相安慰：“一起来的一起回去，头发还可以再留。”在疫情面前，陈前贵显得更为感性，也更加主动表达对张楠的爱：“我踏月而来，只因你在城中；援鄂路上你我同行，余生也要一起度过；感恩遇见，感谢有你。”

他们并肩奋战在武汉的疫情战场上，倾心救助病患，期待战胜病毒的那天早日到来。张楠说：“希望疫情结束后，我俩可以一起看看他的家乡。”热干面和樱花，一样都不能落下。

多年坚持　一朝入党

张楠因工作变动，多年来申请入党3次，写过40余篇思想汇报，参加党课培训多次，入党信念非常坚定。

面对突如其来的疫情，她第一时间请战驰援武汉，第一个被确认接受援鄂任务，在第一组入病区时主动进入重症病房，在抗疫“火线”上勇担重任。这无数个“第一”都是张楠勇敢独立的性格特质、治病救人的职业操守和爱国爱党精神的具体体现。身为“90后”，正青春的她充分利用在感染科和呼吸科轮转的工作经验，协助医生救援病人；充分发扬革命的乐观主义精神，为患者减轻压力活跃气氛。她深受组织和医患认可，是抗疫一线的重要力量。

2020年3月15日，在厦门市支援湖北医疗队驻地会议室举行了入党宣誓仪式。张楠面向党旗庄严宣誓，多年的坚持终于如愿，她光荣地成为一名中共预备党员。

在宣誓仪式上，她表示：“火线入党，不仅是一种荣誉，也是一种担当；不仅意味着身份的转变，更意味着沉甸甸的责任。”

恰逢习近平总书记给北京大学援鄂医疗队全体“90后”党员回信，向他们和奋斗在疫情防控各条战线上的广大青年致以诚挚的问候。张楠第一时间学习了总书记回信的内容，颇有感触，她说：“我作为一名‘90后’新党员，读到习近平总书记的回信时，我倍感振奋、倍感鼓舞。新时代的中国青年是好样的，是堪当大任的！虽然我是一名新党员，但我早已按党员的标准要求自己。在党和人民需要的时候，我们责无旁贷。我和我的伙伴们，将不辜负习近平总书记的嘱托，不畏艰险、冲锋在前，以精湛的专业技能和对患者细心的关怀，向国家和人民交上抗疫的优秀答卷。”

以心换心　不辱使命

在华中科技大学附属同济医院光谷院区，乐观活泼的张楠颇受大家欢迎。“患者在病房太无聊了，而且经常说分不清我们谁是谁，穿了防护服都长成一个样。”

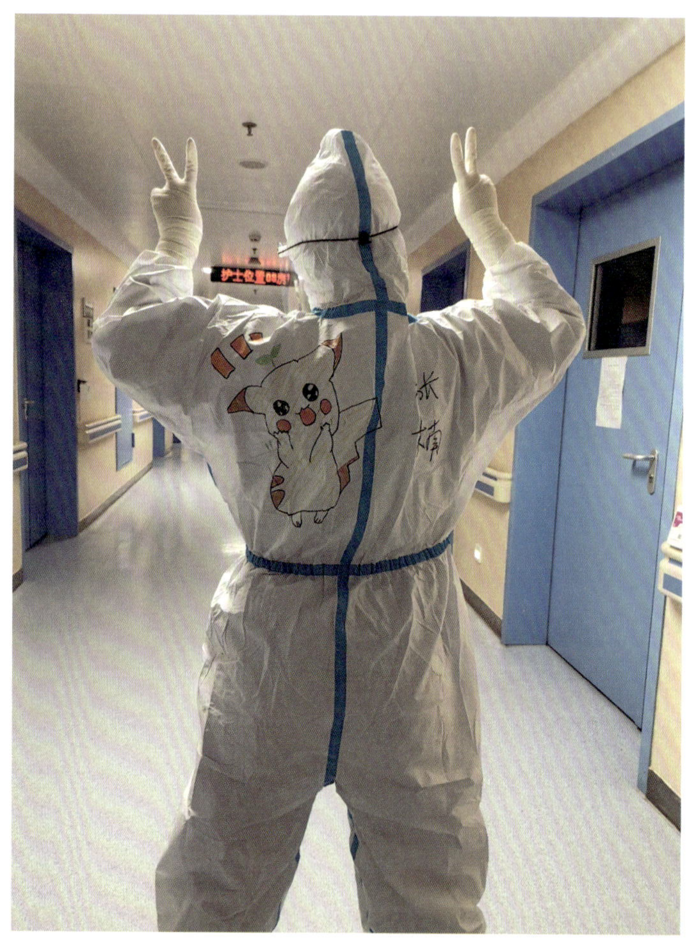

张楠

为了解决这个问题，张楠自己动手在厦门援鄂医疗队医护人员的防护服上，画下了大家耳熟能详的童年伙伴“哪吒”“雷震子”……就连“妲己”也被穿上了身。

张楠说，希望这样能缓解气氛，减轻患者恐惧。她和同事在防护服最先创作的是封神榜中的人物，他们每天穿着绘有动画人物的防护服进病区，患者就会说，“啊，妲己来给我扎针了！”“刚才雷震子给我扎的针不痛！”“哈！小龙女晚上给我打水了。”这些熟悉的角色，在疫情中，带给了病人积极乐观的力量，病区沉重的氛围也因为这些涂鸦变得活泼起来。因为大家喜欢，张楠她们后来还一鼓作气创作了哪吒传奇、西游记、还珠格格、葫芦娃和致敬逆行者系列。媒体就此事进行了广泛报道，抖音上张楠作品的浏览量累计上百万、点赞数十万。心若向阳，必生温暖。防护服上的动画人物之所以如此受欢迎，是因为在这晦暗的抗疫日子里，张楠的别出心裁以及在逆境中仍然乐观的积极心态给大家带来了慰藉和光亮。

张楠能“红”绝不仅于此。作为重症病区的医疗队员，张楠还写过一首小诗《只为你》：“奔腾在胸腔里的使命感，让我愈发的不能离开你。我愿陪伴在你身边不离也不曾弃，是什么让我牵挂着你，我的同胞，我深爱的你。”

使命感似乎融入了张楠的血液，她争做最危险的工作——采咽拭子，采血做到“一针见血”，尽心尽力护理患者、牵挂患者、安抚患者。

张楠说：“我知道以心换心总会看见花开。”她的“爱”和“责任”确实换回了很多。患者们的理解和配合工作，对医护人员付出的感激，这些都让张楠心里甚是温暖。35床的阿姨说：“我不知道怎么感谢你们来武汉帮我们，只能代表34床阿姨和36床阿姨一起写一封感谢信。她俩快出院了，我来得晚，但是我觉得我也好了很多快出院了，谢谢你们的关心和陪伴……”

别样青春　巾帼英雄

此行共同前往一线抗疫的还有两名同为“90后”的青年楷模，厦门大学附属翔安医院手术室护士陈秋梅和消化内科护士熊慧芳。

在陈秋梅看来，没觉得自己做了多了不起的事情，只不过穿防护服换了个工作地点做该做的事情。看到同事们积极请战，陈秋梅和自己斗争了4个小时，想了

陈秋梅

很多：自己尚未结婚没有孩子，上抗疫战场没有负担，但是如果牺牲了家里要怎么交代？挣扎了很久，陈秋梅还是在请战表上写上了自己的名字。可是，半夜接到去武汉的消息时，她还是慌了、怕了，也哭了，后半夜基本未睡。哭过之后，她也想明白了，身为党员，既然选择请战，咬牙也绝不退缩。陈秋梅年龄小，但她工作严谨认真，到武汉后很快就通过上岗考核进入病区工作。陈秋梅说，“我决不后悔今天的选择，这是我 24 年以来做的最有意义，最勇敢，最正确的一件事情了！”这份勇气和担当让人敬佩！

熊慧芳出身医药世家，年纪轻轻却始终把“国家有难，匹夫有责”牢记心头。第二次进舱工作的时候，熊慧芳就直面了生死，一位患者抢救无效死亡，这对她打击很大：“我懊悔自己没有抢救回病人，一直觉得是自己哪里做得不够好，同时也真切感受到这个病毒的可怕。”回宾馆已经是深夜，熊慧芳的眼泪控制不住地下流，她觉得恐惧，但更多的是懊悔和自责，最后她拨打了心理热线寻求帮助。经过一夜

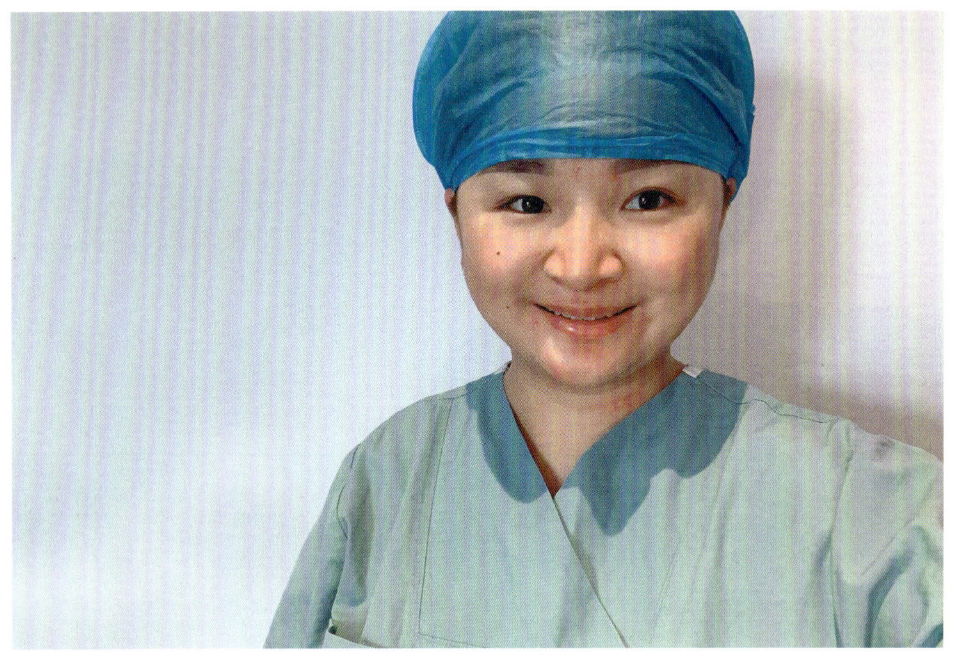

熊慧芳

的内心斗争，她重新审视这场疫情、审视自己，决心以饱满的状态投入接下来的战斗，挽回更多的生命。

病区 44 床的病人刚做完心脏支架植入术不久就感染了新冠肺炎，已经接受了多次抢救，一直在死亡线上挣扎。在一次抢救中，她大喘着气俯在熊慧芳的耳旁，断断续续说道：“我一定要活着走出病房，这么多人来帮助我，我一定可以。”正是这种对“生”的渴望，从医护人员到患者，所有人都在努力，为“活着”竭尽所能，患者终于成功获救。熊慧芳说：“成就感是空前的，毕生所学有用于社会，正是这样的成就感激励我在武汉战斗下去。”

作为“90 后”青年，她们本在工作中任劳任怨默默耕耘，有着各自的幸福与烦恼。但当她们站到抗疫一线的战场上，却成了上进又努力的“硬核 90 后”。看起来她们又“甜”又“盐”还带着些许傲气，但其实都很拼，穿上防护服，挺立在疫

左熊慧芳，中陈秋梅，右张楠

情面前，从死神手里抢人。她们用行动诠释坚持、用专业和严谨对抗病毒、用幽默和乐观传递正能量，在这场没有硝烟的战“疫”中，虽会遇困难但绝不后退，将时代递出的接力棒牢牢握住，不负青春、不辱使命，守护我们的国家。

这是张楠和战友们的故事，也是无数在各自岗位上奋斗的“90 后”青年的故事。勇立时代潮头，一朵朵绚丽之花正在党和人民最需要的地方悄然绽放。

（撰稿人\ 新闻传播学院 2019 级传播学硕士　白文睿）

后记

HOUJI

厦门大学校园里有这样一群女教师，她们理想远大、信念坚定、学识渊博、爱岗敬业、担当作为、开拓创新、无私奉献、服务社会，谱写厦大巾帼风采，她们是厦大最伟大、最崇高、最可敬、最美丽的人。

2019 年 3 月纪念“三八”国际妇女节之际，在张彦书记的倡议和推动下，为宣传女教职工在课程育人、科研育人、管理育人、服务育人等方面的感人事迹，展示女教职工的奋斗故事，弘扬女教职工的敬业精神，我们组织编写《厦大巾帼好故事》系列丛书。

本册选取对象为我校在职女教职工。经过各基层单位和有关部门的推荐，共收录教学科研人员、工程技术人员、辅导员、党政管理干部、医务工作者和后勤服务人员等 55 人。她们有来自教学一线的教师，热爱教学工作；她们有奋斗在科研一线的科学家，敢于钻研创新；她们是实验室负责人，对工作精益求精；她们是普通职员，以一流标准做好管理工作；她们是身边最熟悉的秘书，耐心细致为师生服务；她们是“知心姐姐”般的辅导员，对学生关心备至；她们是最普通的后勤员工，在平凡岗位上默默奉献；她们是“最美”医务工作者，在抗击新冠肺炎疫情斗争中逆行而上；她们是优秀共产党员，在岗位上发挥先锋模范作用；她们是“三八”红旗手，立足岗位建功立业；她们是“我最喜爱的十位老师”，成为学生的引路人。她们是厦园女教职工的缩影，在学校改革发展中发挥了重要作用。本书以通俗的语言、朴实的事迹、生动的故事，描绘出我们身边的女教职工形象，她们对理想的追求，对事业的执着，对工作的奉献，对学生的热爱，谱写了一曲厦大赞歌，让我们感受到厦大女教职工的巾帼力量。

在本书编写期间，校纪委、组织部、宣传部、教师工作部、人事处、校工会、校妇委会和出版社等单位多次召开工作会，讨论、商议图书内容，王瑛慧、李静、茹晓燕、郑莉、欧阳桂莲、赖炜芳、曹熠婕，黄伟彬、张夏等老师负责审稿工作，中文系景欣悦老师对所有的文稿进行修改，56 名学生记者负责采访和编写故事，团委兼职辅导员朱祎濛、柴旭承担了大量的联系沟通工作。衷心感谢他们的辛勤付出！

今年是纪念“三八”国际妇女节 110 周年，厦门大学即将迎来百年华诞，广大女教职工将肩负时代重任，发挥女性“自尊、自爱、自重、自强”的四自精神，弘扬厦门大学“爱国、革命、自强、科学”的四种精神，落实立德树人根本任务，积极担当作为，为推进“双一流”建设贡献力量。

谨以此书为厦大百年献礼，为纪念“三八”国际妇女节 110 周年献礼。

本书编委会
2020 年 6 月